O mundo
das imagens

Dados Internacionais de Catalogação na Publicação (CIP)
(Câmara Brasileira do Livro, SP, Brasil)

Silveira, Nise da
  O mundo das imagens / Nise da Silveira ; pesquisa e coordenação Luiz Carlos Mello. – Petrópolis, RJ : Vozes, 2024.

  ISBN 978-65-5713-976-9

  1. Doenças mentais 2. Psiquiatria 3. Saúde mental I. Mello, Luiz Carlos. II. Título.

23-151631
CDD-616.89
NLM-WM-100

Índices para catálogo sistemático:
1. Psiquiatria : Medicina 616.89

Eliane de Freitas Leite – Bibliotecária – CRB 8/8415

Nise da Silveira

O MUNDO DAS
IMAGENS

Pesquisa e Coordenação Geral de Luiz Carlos Mello

© 2024, Editora Vozes Ltda.
Rua Frei Luís, 100
25689-900 Petrópolis, RJ
www.vozes.com.br
Brasil

Todos os direitos reservados. Nenhuma parte desta obra poderá ser reproduzida ou transmitida por qualquer forma e/ou quaisquer meios (eletrônico ou mecânico, incluindo fotocópia e gravação) ou arquivada em qualquer sistema ou banco de dados sem permissão escrita da editora.

CONSELHO EDITORIAL

Diretor
Volney J. Berkenbrock

Editores
Aline dos Santos Carneiro
Edrian Josué Pasini
Marilac Loraine Oleniki
Welder Lancieri Marchini

Conselheiros
Elói Dionísio Piva
Francisco Morás
Gilberto Gonçalves Garcia
Ludovico Garmus
Teobaldo Heidemann

Secretário executivo
Leonardo A.R.T. dos Santos

Diagramação: Sheilandre Desenv. Gráfico
Revisão gráfica: Lorena Delduca Herédias
Capa: WM design
Ilustração de capa: Raphael Domingues, 1948, óleo e guache sobre papel, 36,3 x 24,8 cm.
Créditos fotográficos: Humberto Franceschi e Mauro Domingues
Todas as fotografias históricas apresentadas nesta obra fazem parte do Arquivo Pessoal Nise da Silveira.
As legendas das ilustrações incluem, entre colchetes, o número de registro da obra no acervo do Museu de Imagens do Inconsciente.

ISBN 978-65-5713-976-9

Este livro foi publicado inicialmente em 1992, pela Editora Ática.

Este livro foi composto e impresso pela Editora Vozes Ltda.

© Nise da Silveira, 1992.
© Nise da Silveira / Sociedade Amigos do Museu de Imagens do Inconsciente, 2024.

Supervisão da edição: Luiz Carlos Mello, Marize Parreira e Bruno Araujo

Reprodução e tratamento digital das imagens:
Mauro Domingues (Coordenação)
José Mauro Valente e Catia Valente

Museu de Imagens do Inconsciente

Direção:
Luiz Carlos Mello

Coordenação geral:
Gladys Schincariol

Museologia:
Priscilla Moret

Sociedade Amigos do Museu de Imagens do Inconsciente

Presidente:
Marco Lucchesi

Vice-presidente:
Eurípedes Gomes da Cruz Jr.

Secretária-geral:
Christina Gabaglia Penna

Tesoureiro:
Mauro Domingues

Rua Ramiro Magalhães, 521 – Engenho de Dentro
20730-460 – Rio de Janeiro, RJ
Te: 55 – 21 – 3111-7467
Contato: secretaria.s@mii.org.br

www.museuimagensdoinconsciente.org.br
youtube.com/c/museudeimagensdoinconsciente
facebook.com/ImagensMuseu
instagram.com/museudeimagensdoinconsciente
Twitter: @ImagensMuseu

A Marie-Louise von Franz, mestra e amiga, que sabe fazer do obscuro claridades de aurora.

A Leon Hirszman, companheiro de navegações por meio de roteiros quase impossíveis.

À memória do gato Mestre Onça, com reverência.

Ao meu querido Luiz Carlos Mello, colaborador inestimável na estrutura deste livro e nas pesquisas referentes às imagens que o ilustram. Seu olho agudo muito ajudou nos tateamentos de penetração do significado desses autorretratos da psique profunda.

•

Agradeço afetuosamente à colaboração de Elvia Maria Bezerra de Mello na revisão dos textos e a Eurípedes Junior, tanto na revisão dos textos como em toda a sua datilografia.

Meu reconhecimento à direção do Centro Psiquiátrico Pedro II, à direção do Museu de Imagens do Inconsciente e toda a sua equipe, sempre pronta a facilitar o trabalho necessário à realização deste livro.

Tenho a satisfação de declarar que a realização deste livro só foi possível graças ao apoio da *Vitae.*

Nise em sua residência, 1986.

Sumário

Apresentação, 9
 Luiz Carlos Mello

1 Crise e tentativas de mutação na psiquiatria atual, 11

2 Estudo comparativo entre a demência orgânica e a "demência" esquizofrênica, 27

3 Isaac: paixão e morte de um homem, 49

4 Emygdio: um caminho para o infinito, 71

5 O mundo das imagens, 93

6 Rituais: imagem e ação, 111

7 Simbolismo do gato, 133

8 A cruz e seu simbolismo, 157

9 Metamorfoses e transformações, 171

10 C.G. Jung na vanguarda de nosso tempo, 195
 com Luiz Carlos Mello

Apresentação

Após sua aposentadoria compulsória, em 1975, Nise da Silveira começa um período de reflexão sobre sua longa e profícua obra, realizando publicações, filmes, documentários, cursos e exposições. Os livros *Imagens do inconsciente e O mundo das imagens* fazem parte deste período, e iniciaram-se a partir de um sonho extraordinário: uma tigresa parindo dois filhotes em uma caverna. Depois de me contar o sonho, ela disse, decidida: "É hora de fazer o livro". Até então demonstrava hesitação em realizá-los, apesar do incentivo das pessoas à sua volta.

Este sonho da tigresa parindo é uma imagem visceral do seu processo criativo, expressa aqui por meio de sua identificação com os felinos. A tigresa dá à luz dois filhotes, e dos estudos de Nise sobre a compreensão do processo psicótico através das imagens nasceram esses dois livros, alicerces de seu trabalho científico: *Imagens do inconsciente* e *O mundo das imagens*. O primeiro, lançado em 1981, é uma síntese de sua rica e revolucionária obra. Na ocasião ela disse em depoimento à imprensa: "Tudo o que tinha a gravar, gravei no livro. Sou eu que estou ali".

À medida que evoluía, o texto do livro era traduzido para o inglês e enviado juntamente com as fotografias das imagens para a apreciação de sua amiga M-L.Von Franz, que elogiava a profundidade do trabalho. Em uma das cartas, Von Franz escreveu: "É muito reconfortante saber que alguém compreendeu tão bem Jung do outro lado do mundo. E eu admiro a clareza e a coragem pela qual você [Nise] diz o que deve ser dito".

Nise sempre combateu o atraso da psiquiatria e seus violentos tratamentos. Segundo o acadêmico Marco Lucchesi, "quando Nise da Silveira publicou *Imagens do inconsciente*, a psiquiatria tradicional foi abatida sem piedade. Foi um marco. Um livro extraordinário, de uma singularidade tal que causou espanto e admiração. Fruto de anos e anos de intensa pesquisa, escrito numa prosa exemplar, as imagens perturbaram pela rara e estranha beleza. Era uma denúncia total, sem meias palavras. [...] A biografia em lugar do caso. E o psiquiatra assumindo a condição de coautor ou de leitor, atento às vozes de seus antigos hóspedes compulsórios, silenciados por terríveis expedientes".

Jung, baseado em sua experiência no Hospital Psiquiátrico Burghölzli, constatou que faltava à psiquiatria uma verdadeira psicopatologia, uma ciência que mostrasse aquilo que acontecia dentro do indivíduo durante a psicose. O trabalho de Nise foi uma contribuição valiosa para esta nova ciência, sempre centrado no estudo e na compreensão das imagens criadas nos ateliês do MII, relacionando--as com as histórias de vida de seus autores.

Em 1954, Nise enviou uma carta a Jung indagando sobre a significação das mandalas feitas espontaneamente nos ateliês do Museu de Imagens do Inconsciente. A partir daí, estabeleceu-se uma correspondência entre os dois. O envio de novas fotografias de pinturas, em que outros temas surgiam, trazia igualmente surpreendente sintonia com os estudos junguianos sobre os arquétipos.

Jung, entusiasmado com o trabalho realizado no Brasil, que confirmava sua concepção sobre o inconsciente coletivo, convidou Nise para freqüentar o Instituto C. G. Jung, e organizar uma exposição, com obras do MII, por ocasião do II Congresso Internacional de Psiquiatria em Zurique. No final da carta ele escreve: "Eu ficaria contente se, por meio da visita da doutora Nise da Silveira, o contato entre os psiquiatras do Brasil e da Suíça se aprofundasse. Certamente esse encontro será importante para o futuro tanto da psicologia quanto da psiquiatria".

Nise da Silveira tinha muitas afinidades com o psiquiatra inglês Ronald Laing, um dos fundadores da antipsiquiatria. Ambos estudaram piano e contestaram a psiquiatria tradicional. Em 1978, tiveram a oportunidade de se conhecer no Museu de Imagens do Inconsciente. Logo que chegou, Laing pediu-me para ver imagens relacionadas com o simbolismo da morte e do renascimento. Ele logo percebeu que ali se revelavam as profundas vivências que o indivíduo atravessa durante a psicose, assunto no qual ele era especialista. Ao final da visita escreveu este depoimento:

"Confio na continuidade e expansão deste trabalho. Trata-se de uma coleção que já tem fama internacional. [...], pois representa uma contribuição de grande importância para o estudo científico do processo psicótico".

O segundo livro, o *Mundo das imagens*, foi lançado em 1992 graças ao incentivo da Fundação Vitae. Trata-se de uma continuação do primeiro livro abordando as tentativas de mudança da psiquiatria atual, as histórias de vida dos frequentadores dos ateliês, associando as sutis relações entre mundo externo e mundo interno e os temas arquetípicos tão comuns nas vivências esquizofrênicas.

A partir da espantosa produção que acontecia nos ateliês, Nise foi tecendo, com sua arguta inteligência, os fios de sentido que ligavam as vivências pessoais aos níveis mais profundos e universais da psique. Nesses relatos, em vez dos amontoados de sintomas encontrados habitualmente nos prontuários psiquiátricos, foram sendo descortinadas densas histórias humanas nas quais se encontra um sentido pleno de vida e emoções.

Os temas arquetípicos que Jung desvendou no inconsciente do indivíduo europeu são os mesmos encontrados na pesquisa de Nise dentro de um hospital público brasileiro: simbolismo do gato, metamorfoses e transformações, símbolos alquímicos e a irrupção do princípio feminino numa sociedade patriarcal evidenciando uma transição na cultura de nossa época.

As imagens, permitindo a exploração do mundo intrapsíquico, se constituíram em um dos eixos principais na obra de Nise. No capítulo "O Mundo das Imagens", que dá nome ao livro, apresenta sete diferentes métodos de leituras, finalizando com aquele por ela praticado no Museu de Imagens do Inconsciente.

Foram 26 anos nos quais tive o privilégio de conviver com essa personalidade única, caracterizada pela ética, pelo rigor no trabalho e entusiasmo na criação de novos paradigmas. Como colaborador, participei da preparação dos dois livros com pesquisa de textos e principalmente de imagens que fazem parte dessas publicações.

Em 1993, sugeri a Nise que fizéssemos uma revisão modificando textos e acrescentando imagens que integram as edições posteriores. O lançamento dessas primorosas edições vem de encontro às comemorações dos 70 anos de existência do Museu de Imagens do Inconsciente. Com todas as fotografias em cor, vem à luz a concretização do antigo sonho de Nise e da equipe do Museu de Imagens do Inconsciente, graças à Editora Vozes, à Sociedade Amigos do Museu de Imagens do Inconsciente e a Mauro Domingues, que com seu dedicado trabalho voluntário coordenou o processo de digitalização das obras que ilustram os dois livros.

Luiz Carlos Mello
Março de 2023

1
Crise e tentativas de mutação
na psiquiatria atual

É impressionante a persistência da influência de Descartes, dominante desde o século XVII, no que se refere ao conceito das relações corpo-psique sobre a medicina científica.

O corpo seria uma complexa máquina e, consequentemente, as doenças resultariam de perturbações no funcionamento dos mecanismos que compõem essa grande máquina. A função do médico seria, portanto, atuar por meios físicos ou químicos para consertar enguiços mecânicos.

A Razão, privilégio do homem, estaria muito acima hierarquicamente, funcionando independentemente do corpo e comandando emoções e sentimentos. O médico pouco teria que se ocupar desses fenômenos. Foi sobre essa estrutura básica que se construiu o modelo médico. Entretanto, acontecia muitas vezes que a própria Razão desvairava, o homem a perdia. Era a loucura. Surgiram médicos especialistas nesses fenômenos. Apressaram-se eles a submeterem-se aos princípios do modelo médico. A Razão, agora a psique, passava a ser vista como mero epifenômeno da máquina cerebral. Cabia-lhes, por bem ou por mal, consertar descarrilhamentos dessa máquina que saíra dos trilhos da Razão.

Passaram-se séculos. Mas é ainda tão forte o clima de opinião cartesiana que, segundo Capra, os psiquiatras, "em vez de tentarem compreender as dimensões psicológicas da doença mental, concentraram seus esforços na descoberta de causas orgânicas para todas as perturbações mentais"[1].

Alguns tipos de doença pareciam dar-lhes razão, tais como a meningoencefalite crônica descrita por Bayle, a arteriosclerose cerebral, as demências senis. Uma onda de entusiasmo levantou-se então em busca das regiões do cérebro responsáveis pelas doenças psíquicas. Entretanto, muitos outros distúrbios psíquicos escapavam tanto às pesquisas anatomopatológicas quanto às mais acuradas investigações bioquímicas. Era difícil encaixá-los no modelo médico.

Aos poucos, uma contracorrente começou a crescer, em oposição ao modelo cartesiano.

Estaremos vivendo enfim um momento de mutação?

---

1. CAPRA, F. *O ponto de mutação*. São Paulo: Cultrix, 1988, p. 123.

Crítica ao modelo médico tradicional e sua base cartesiana

Os tratamentos extremamente agressivos utilizados para consertar à força a máquina doente passaram a ser questionados. Quais seriam a rigor suas bases científicas?

Eletrochoque. Ugo Cerletti admitia a incompatibilidade entre a esquizofrenia e a epilepsia. Mas como conseguir que um esquizofrênico apresentasse crises epilépticas? A luz se fez para Cerletti quando ele visitou um matadouro de porcos em Roma. Por que o grande psiquiatra teria se sentido atraído a visitar um matadouro de porcos? Ali ele verificou que os porcos submetidos a choques elétricos antes de serem abatidos apresentavam crises convulsivas. Foi uma iluminação às avessas! Cerletti concluiu que se poderia também provocar no homem uma convulsão, por corrente transcerebral, sem matá-lo. Assim nasceu em 1928 o eletrochoque, que ainda hoje é utilizado. "Não, outra vez! É horrível", foram as palavras pronunciadas pela primeira vítima do eletrochoque.

Muitos anos mais tarde, certamente depois de inúmeras súplicas anônimas, ouvimos os desesperados apelos do escritor francês Antonin Artaud, internado no hospital de Rodez (França), para que cessassem de aplicar-lhe séries de eletrochoques. Eis uma carta escrita por Artaud ao seu psiquiatra, em 1945:

"O eletrochoque me desespera, apaga minha memória, entorpece meu pensamento e meu coração, faz de mim um ausente que se sabe ausente e se vê durante semanas em busca do seu ser, como um morto ao lado de um vivo que não é mais ele, que exige sua volta e no qual ele não pode mais entrar. Na última série, fiquei durante os meses de agosto e setembro na impossibilidade absoluta de trabalhar, de pensar e de me sentir ser..."[2].

Outro tratamento muito preconizado dentro do modelo médico, que precedeu de pouco o eletrochoque, foi o *choque hipoglicêmico* ou *coma insulínico* (método de Sakel), cuja plena eficácia exigiria de trinta a quarenta horas de coma. Tanto o coma insulínico quanto o eletrochoque provocam profunda regressão fisiológica e psicológica, apagando naqueles que são submetidos a esse tipo de tratamento as funções psíquicas superiores. Essa desmontagem da estrutura psíquica seria seguida, segundo seus adeptos, de uma reconstrução sadia.

A perda da memória, em graus variados, em ambos os tratamentos de choque, poderá ser recuperada. E é precisamente nessa perda de memória, decorrente de possíveis ligeiras lesões cerebrais, que residiria a eficácia desse tratamento, isto é, o esquecimento dos acontecimentos que provocaram a psicose. E se durante a reconstrução da estrutura psíquica voltar a recordação dos acontecimentos motivadores dos distúrbios psíquicos?

Essa suposição é precisamente a mais aceita pelos adeptos dos tratamentos de choque. Valeria a pena esquecer os conteúdos nucleares das psicoses, ou antes, seria preferível trazê-los à tona, confrontá-los, tentar interpretá-los, metabolizando-os e mesmo transformando-os?

Lamentavelmente, recrudesce uma onda de tratamentos ainda ligados a métodos que já pareciam superados. Assim, a Associação Norte-Americana de Psiquiatria recomenda que seja ampliado o uso do eletrochoque, agora sob o controle moderno da computação (eletrochoque computadorizado).

---

2. ARTAUD, A. *Oeuvres Complètes XI.* Paris: Gallimard, 1974, p. 13.

Lobotomia. Outra conquista do modelo médico, a lobotomia surgiu na terapêutica psiquiátrica em 1936. Criada por Egas Moniz, seccionava fibras nervosas que ligam os lobos frontais a partes subjacentes do cérebro. A psicocirurgia é definida por W. Freeman como operação cirúrgica sobre o cérebro intacto, tendo por objetivo obter alívio para sintomas mentais. Segundo Moniz, para obter a cura de pacientes que apresentam ideias fixas e comportamentos repetitivos, "temos de destruir arranjos mais ou menos fixos das conexões celulares que existem no cérebro, e particularmente aqueles que se relacionam com os lobos frontais"[3].

Por sua vez, afirma Freeman, o lobo frontal é o local de escolha para operações destinadas a aliviar desordens mentais, pois já foram realizadas, por vários cirurgiões, intervenções sobre os lobos temporal, parietal e occipital, sem resultados concretos.

E mais: a leucotomia foi também experimentada, em outras modalidades de doenças mentais, inclusive em velhos e crianças.

Tateamentos, experimentações sobre o cérebro humano!

Embora no correr dos anos a técnica da lobotomia tenha reduzido sua área de ação e se haja mesmo sofisticado bastante (lobotomia transorbital, leucotomia, topectomia, cingulotomia etc.), ainda assim a substância cerebral é atingida de maneira irreversível. Todas essas técnicas constituem, portanto, um atentado à integridade do homem em seu órgão mais nobre.

Muitos indivíduos submetidos a esses tratamentos tornavam-se mais calmos, às vezes mesmo verdadeiros autômatos. Ficavam muito prejudicadas a capacidade de abstração e a imaginação. Suas produções, segundo veremos adiante, tornavam-se pueris e decadentes. As famílias e o ambiente hospitalar, porém, passavam a gozar de cômoda tranquilidade.

A psicocirurgia vem perturbando a consciência de alguns psiquiatras, pois lhes repugna a destruição de parte do cérebro normal anatomicamente, por mínima que seja, transformando uma desordem funcional potencialmente recuperável numa lesão orgânica para a qual não há tratamento[4].

Em editorial – "A ética da leucotomia" – publicado no *British Medical Journal,* em 1952, em defesa da psicocirurgia, pode-se ler este espantoso argumento: "Se a alma pode sobreviver à morte, certamente poderá sobreviver à leucotomia".

Quimioterapia. Os tratamentos citados perderam muito de seu prestígio com o advento da quimioterapia a partir do início da década de 1950. As pesquisas do cirurgião Laborit o levaram à descoberta de uma substância próxima dos antialérgicos, possuidora de curiosa ação "de desconexão cerebral", capaz de produzir "uma hibernação artificial". Laborit apercebeu-se imediatamente do interesse que essa substância "milagrosa" poderia ter para a psiquiatria. Deu-lhe o nome de "chlorpromazina", logo comercializada em larga escala.

Seguiram-se outras pesquisas de caráter químico, sempre visando o controle sobre o mesencéfalo, a formação reticular e, supostamente, poupando as funções corticais.

Entretanto, tinha o grave inconveniente de produzir efeitos colaterais, atingindo o sistema extrapiramidal, causando distonias, acatisia, síndrome parksoniana (rigidez muscular, tremores...), que

---

3. FREEMAN, W. *American Handbook of Psychiatry II.* Nova York: Basic Books, 1959, p. 1.521.

4. Ibid., p. 1.526.

teriam de ser combatidas com medicamentos antiparksonianos. Um curioso jogo químico... Eis aí um comportamento bastante estranho. Nos tratamentos prolongados surge ainda o mais grave problema: a discinesia e distonia tardias.

Uma das mais recentes drogas ditas antipsicóticas, a clozapine, se tem a vantagem de diminuir a propensão ao parksonismo, possui a triste compensação de desenvolver, em alta percentagem, a agranulocitose, doença caracterizada por leucopenia, ulceração da garganta, das mucosas digestivas e da pele.

E como se sentem os doentes submetidos a essas drogas? Queixam-se de entorpecimento das funções psíquicas, dificuldade de tomar decisões, sonolência permanente. Verificamos nos doentes submetidos a neurolépticos, nos diferentes setores de atividade da Seção de Terapêutica Ocupacional e Reabilitação (STOR), redução ou perda total da capacidade criativa, como se pode verificar em documentos existentes nos nossos arquivos.

Essas descobertas químicas de ação sobre o sistema nervoso ocasionaram importantes transformações no tratamento das doenças mentais. O problema agora era reduzir ou anular as manifestações delirantes e as expressões motoras que as acompanhavam. Estavam criadas camisas-de-força químicas. Paz nos hospitais psiquiátricos!

Uma internada resumiu a situação num poema:

"Os médicos dão muito remédio
e as enfermeiras para não terem trabalho
só ficam gritando
vou dar choque
vou dar amarra
ser louco é uma barra."

Beta

Outro depoimento:

"Nos sanatórios onde estive não podia contar às pessoas as minhas visões e as vozes que ouvia, porque revelar essas coisas significava ficar mais tempo internado e levar mais eletrochoque. Isso porque minha doença era tratada como sintoma e não como uma revelação de significados" (Milton).

O entusiasmo pela redução do tempo de internação, graças ao controle dos sintomas sufocados pelos neurolépticos, revela-se ilusório se detidamente estudado. Tanto assim que não foi obtida nenhuma mudança quanto ao número de reinternações após sua utilização, de acordo com nossas estatísticas. O tratamento por meio de substâncias químicas "controla os sintomas, mas não os cura. E está ficando cada vez mais evidente que esse tipo de tratamento é contraterapêutico. [...] Os sintomas de um distúrbio mental refletem a tentativa do organismo de curar-se e atingir um novo nível de integração. A prática psiquiátrica corrente interfere nesse processo de cura espontânea ao suprimir os sintomas. A verdadeira terapia consistiria em facilitar a cura, fornecendo ao indivíduo uma atmosfera de apoio emocional"[5].

---

5. CAPRA, F. Op cit., p. 136.

Tentativas de mutação na psiquiatria atual

A crise da psiquiatria atual revela, de modo evidente, a inadequação do hospital psiquiátrico e seus atuais métodos terapêuticos. Os números demonstram eloquentemente esta afirmação:

Ano	Readmissões (%)
1950	30,6
1955	35,1
1960	49,9
1965	56,9
1970	55,8
1975	43,3
1977	44,4

Fonte: IBGE e Dinsam

Escreve o Dr. Luiz Cerqueira: "Se as drogas, os choques e as leucotomias curassem mesmo, a loucura já teria sido erradicada da face da Terra. Entre nós, o que acontece é que, apesar dos psicofármacos, cada vez mais doentes internamos e reinternamos nos hospitais psiquiátricos"[6].

Não conseguimos obter da Dinsam os dados estatísticos referentes aos anos subsequentes a 1977. Entretanto, a mera observação do movimento de nossos hospitais não nos entusiasma a esperar números mais animadores.

Face a esses dados, como entender a persistência dos mesmos tipos de tratamento? Por que repetir os mesmos erros tão graves?

Algo espúrio haverá por trás da inércia diante de tais evidências.

Não será difícil detectá-las: a indústria da loucura é uma lucrativa aplicação de capital. As poderosas multinacionais produtoras de psicofármacos bem o demonstram. É suficiente ressaltar que no Brasil 78% dos estabelecimentos psiquiátricos são de propriedade particular, enquanto o número de seus ambulatórios, que poderiam contribuir para manter pelo menos por algum tempo o paciente fora da instituição, é apenas de 27,6%. O que interessa, portanto, é o lucro proporcionado pelo indivíduo internado ou reinternado. Quanto mais vezes, melhor.

Mesmo os hospitais públicos de países pobres destinam larga parte de suas precárias verbas à aquisição de neurolépticos, que são ministrados, na maioria das vezes, em doses excessivas.

Sem dúvida, nem todos os psiquiatras se conformam com essa situação. Têm havido tentativas de mutação. Algumas são apenas reformistas, como as comunidades terapêuticas, que certamente melhoraram bastante o clima hospitalar sem, entretanto, atingir sua estrutura.

Outra tentativa reformista é a dos hospitais-dia. Estes quebraram parcialmente o regime carcerário dos hospitais fechados, mas mantiveram métodos rígidos e conservaram quase a mesma distância entre doente e terapeuta observada nos hospitais tradicionais.

6. CERQUEIRA, L. *Psiquiatria social.* Rio de Janeiro: Liv. Atheneu, 1984, p. 123.

Aquilo que se impõe é uma verdadeira mutação, tendo por princípio a abolição total dos métodos agressivos, do regime carcerário, e a mudança de atitude face ao indivíduo, que deixará de ser o *paciente* para adquirir a condição de pessoa, com direito a ser respeitada.

Começaram então a surgir verdadeiros ensaios de mutação propriamente dita. Chamam desde logo a atenção os obstáculos que encontraram e a curta existência que lograram manter.

Assim, por exemplo, David Cooper instalou em 1962, num grande hospital psiquiátrico de Londres, o Pavilhão 21, destinado a jovens esquizofrênicos, num regime liberto da coação característica da psiquiatria tradicional e orientado terapeuticamente no sentido das relações familiares desses jovens. O hospital tradicional não suportou a experiência, que foi interrompida apenas quatro anos depois, em 1966.

Outra experiência de mutação começa em 1965 sob a forma de uma associação beneficente. À sua frente estavam Laing, Cooper e Esterson. As bases teóricas do novo movimento foram estabelecidas por Laing, que propõe realmente uma mutação com embasamento psicológico e social. Uma proposta completa, na qual a pessoa humana é vista em sua totalidade.

A psiquiatria, na sua atitude face ao doente, invalida sumariamente os que não se adaptam às normas sociais vigentes, sem investigar os motivos que os levaram àquela atitude – problemas afetivos, familiares, econômicos. Apressam-se os psiquiatras em rotulá-los de esquizofrênicos e a hospitalizá-los. Será quase impossível escapar. Uma vez nas malhas do hospital psiquiátrico, ora entrando, ora saindo, ora reentrando, o indivíduo não é mais uma pessoa; é um paciente, torna-se uma peça na engrenagem dessa fábrica de loucura.

A grande contribuição de Laing, porém, foi a exploração do espaço interior. Artaud já vivenciara que, contígua à realidade, havia uma porta que se abria para um espaço interno igualmente real[7]. Laing preconiza a exploração desse espaço, uma viagem às profundezas, muitas vezes perigosa. Dessa viagem o indivíduo voltaria ao mundo externo possivelmente transformado num ser mais autêntico, portanto, capaz de encontrar sua adequada posição na sociedade.

A proposta de Laing não é uma fantasia inconsistente. Eis as palavras de um indivíduo etiquetado de esquizofrênico no Centro Psiquiátrico Pedro II: "... mas o médico, o psicólogo tem que deixar a pessoa ir até o final para que ela sinta o amor pelas coisas" (Octávio Ignácio).

A primeira experiência de Laing teve vida curta: encerrou-se em 1970. Outras experiências conduzidas na Inglaterra seguiram-se, mas sempre em condições precárias.

O mais forte empreendimento de mutação na área da psiquiatria ocorreu na Itália com a negação da instituição psiquiátrica por Franco Basaglia. Diretor do Hospital Psiquiátrico de Gorízia, Basaglia inicia, em 1961, uma verdadeira revolução, promovendo encontros entre médicos e internados, dando oportunidade para que estes últimos relatassem violências sofridas e influenciassem o sistema institucional em que viviam. Acaba com as medidas habituais de contenção. No ano de 1968, por falta de apoio, encerra-se o trabalho em curso na cidade de Gorízia.

Três anos depois, Basaglia e sua equipe assumem o Hospital Psiquiátrico Regional de Trieste, onde realizam verdadeira mutação, iniciando o processo de desativação da instituição psiquiátrica

---

7. ARTAUD, A. Op. cit., p. 50.

fechada. Paralelamente, criam centros externos para dar suporte aos ex-internados. Basaglia define assim sua posição: "Hoje não se sabe bem o que é um psiquiatra. Se alguém que deve regular a ordem pública ou alguém que tem o dever de atender às necessidades, aos sofrimentos de indivíduos"[8].

A proposta de Basaglia continua atualmente atraindo a maioria dos espíritos renovadores da área da psiquiatria, embora nos pareça ainda incompleta, por conceder pouca atenção aos fenômenos em desdobramento no espaço interno.

No Brasil, aqui neste Terceiro Mundo, também houve críticas à psiquiatria tradicional e aspiração à mutação.

Nosso pioneiro foi Ulisses Pernambucano, nomeado em 1931 diretor da Tamarineira (hospital psiquiátrico pernambucano). Destruiu calabouços e camisas-de-força, instalou um esboço de praxiterapia e sobretudo criou uma escola para jovens psiquiatras, dando ênfase a pesquisas diversas nessa área. Deu destaque às pesquisas de ordem preventiva e social. Já naquela distante época preocupava-se com os fatores interpessoais e socioculturais dos distúrbios mentais e com a necessidade de levá-los em conta na sua prevenção.

Algumas tentativas de modificação foram e continuam a ser feitas em nossos hospitais, todavia sem condições de desenvolvimento.

Lembraremos o breve trabalho de Luiz Cerqueira, no Hospital Psiquiátrico Universitário do Rio de Janeiro. A grande abertura que Alice Marques dos Santos deu ao Hospital Odilon Galotti durante o período em que o dirigiu, na década de 1960, abrindo as portas de suas seções, e permitindo contatos dos internados com a comunidade. Foi decerto um passo adiante que, infelizmente, não vingou. Deve-se destacar ainda o atual trabalho de Carlos Augusto de Araújo Jorge e sua equipe no sentido de renovar o Centro Psiquiátrico Pedro II, derrubando muros, abrindo enfermarias.

Estamos apenas citando algumas tentativas renovadoras, que tendem a ampliar-se e revelam o desejo de numerosos psiquiatras de alcançar verdadeira mutação no atual regime de nossas instituições psiquiátricas, nas quais o internado é um *paciente* e não uma pessoa humana no gozo de seus direitos.

A terapêutica ocupacional em Engenho de Dentro como método não agressivo

Desde 1946, quando retomei o trabalho no Centro Psiquiátrico de Engenho de Dentro, não aceitei os tratamentos vigentes na terapêutica psiquiátrica. Segui outro caminho, o da terapêutica ocupacional, considerado na época (e ainda o é hoje) um método subalterno, destinado apenas a "distrair" ou contribuir para a economia hospitalar. Mas a terapêutica ocupacional tinha para mim outro sentido. Era intencionalmente diferente daquela empregada, de hábito, nos nossos hospitais. Desde o início, nossa preocupação foi de natureza teórica, isto é, a busca de fundamentação científica onde firmar uma estrutura que permitisse a prática da terapêutica ocupacional.

Nosso objetivo era fazer da Seção de Terapêutica Ocupacional um campo de pesquisa, onde diferentes linhas de pensamento se encontrassem e se pusessem à prova. Essa ideia fracassou completamente. Nem na teoria, nem na prática, nosso plano de trabalho encontrou ressonância favorável.

---

8. BASAGLIA, F. *La Stampa*, 14 de fevereiro de 1990, p. 3.

Qual seria o lugar da terapêutica ocupacional em meio ao arsenal constituído pelos choques elétricos que determinam convulsões, pelo coma insulínico, pela psicocirurgia, pelos psicotrópicos que aprisionam o indivíduo numa camisa-de-força química? Um método que utilizava pintura, modelagem, música, trabalhos artesanais, seria logicamente julgado ingênuo e quase inócuo. Valeria, quando muito, para distrair os internados ou torná-los produtivos em relação à economia dos hospitais.

Por que a terapêutica ocupacional, adequadamente orientada, não teria um papel a desempenhar no tratamento de esquizofrênicos, como modalidade de psicoterapia? Esse método, se utilizado com intenção psicoterápica, seria o mais viável nos hospitais públicos sempre superpovoados, onde a psicoterapia individualizada é impraticável, além de ser o menos dispendioso para a economia hospitalar.

Desde 1946, quando foi iniciada a nova fase da terapêutica ocupacional, começaram as tentativas de produzir mudanças no ambiente hospitalar. Era um método que deveria, como condição preliminar, desenvolver-se num ambiente cordial, centrado na personalidade de um monitor sensível, que funcionaria como uma espécie de catalisador. Nesse clima, sem quaisquer coações, por meio de atividades diversas verbais ou não verbais, os sintomas encontravam oportunidade para se exprimirem livremente. O tumulto emocional tomava forma, despotencializava-se.

Os resultados foram rápidos e evidentes. As atividades logo infundiram vida aos locais onde eram exercidas, modificando o ambiente. As mudanças que a terapêutica ocupacional pode introduzir nos hospitais atingem o ponto mais alto quando o método ativo penetra nos pátios, opróbrio dos hospitais psiquiátricos.

A experiência em Engenho de Dentro demonstra a validez da terapêutica ocupacional tanto no campo da pesquisa do processo psicótico quanto na prática do tratamento. Foram feitas pesquisas no campo da psiquiatria clínica: experiência de solicitação motora por meio da música em catatônicos; relação afetiva entre o esquizofrênico e o animal; capacidade de aprendizagem do esquizofrênico crônico. E pesquisas no campo da expressão plástica: lobotomia e atividade criadora; a estruturação do espaço; efeitos da música por meio da pintura; inter-relação entre vivências individuais e imagens arquetípicas etc.

A comunicação com o esquizofrênico, nos casos graves, terá um mínimo de probabilidades de êxito se for iniciada no nível verbal de nossas ordinárias relações interpessoais. Isso só ocorrerá quando o processo de cura se achar bastante adiantado. Será preciso partir do nível *não verbal*. E aí que se insere com maior oportunidade a terapêutica ocupacional, oferecendo atividades que permitam a expressão de vivências não verbalizáveis por aquele que se acha mergulhado na profundeza do inconsciente, isto é, no mundo arcaico de pensamentos, emoções e impulsos fora do alcance das elaborações da razão e da palavra.

A Seção de Terapêutica Ocupacional desenvolveu-se progressivamente até instalar dezessete núcleos de atividade. Todas as atividades proporcionavam condições para a expressão das vivências de seus frequentadores. Paralelamente, estimulava-se neles o fortalecimento do ego e um avanço no relacionamento com o meio social, levando-se sempre em consideração suas possibilidades adaptativas atuais.

Dentre as várias atividades ocupacionais, verificamos que a pintura e a modelagem permitiam mais fácil acesso ao mundo interno do esquizofrênico. E esse é o nosso principal objetivo, não só

Festa junina no pátio do Hospital Odilon Gallotti.

Oficina de encadernação.

Recreação ao ar livre.

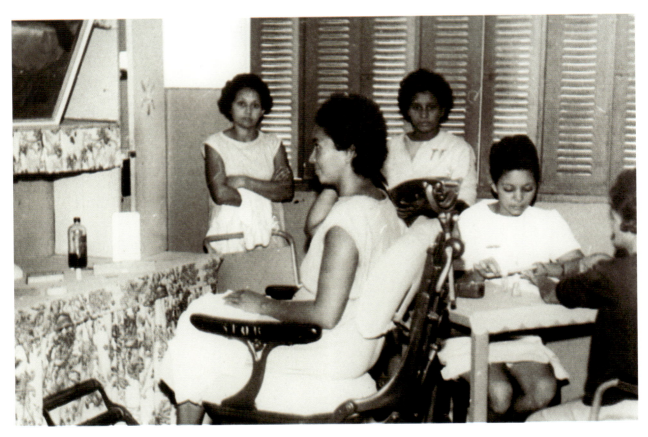
Salão de beleza.

como uma questão teórica, mas também como necessidade para o tratamento, uma vez que teríamos de encontrar a atividade adequada à condição psíquica em que se encontra o indivíduo.

Além disso, já havíamos verificado, desde 1948, que a pintura e a modelagem tinham em si mesmas qualidades terapêuticas, pois davam forma a emoções tumultuosas, despotencializando-as, e objetivavam forças autocurativas que se moviam em direção à consciência, isto é, à realidade. Foi por esses dois motivos – *compreensão do processo psicótico* e *valor terapêutico* – que da Seção de Terapêutica Ocupacional nasceu o Museu de Imagens do Inconsciente, inaugurado em 20 de maio de 1952, numa pequena sala. Vinculado aos *ateliers* de pintura e modelagem, o museu não cessou de crescer. Seu acervo possui *atualmente* cerca de 300.000 documentos plásticos, incluindo telas, cartolinas, papéis e modelagens[9].

Ciclo de estudos sobre o mito de Dioniso, 1969.

O Museu de Imagens do Inconsciente, nas palavras de Mário Pedrosa, "é mais do que um museu, pois se prolonga de interior adentro até dar num atelier onde artistas em potencial trabalham, criam, vivem, e convivem".

"Ali, de início, se foi reunindo todo um grupo de esquizofrênicos – tirados do pátio do hospício para a Seção de Terapêutica Ocupacional, desta para o atelier, do atelier para o convívio, onde passou a gerar-se o afeto e o afeto, a estimular a criatividade"[10].

---

9. Em 2023, o acervo conta com cerca de 400.00 documentos.
10. PEDROSA, M. Coleção "Museus Brasileiros II". Rio de Janeiro: Funarte, 1980, p. 10.

O método de trabalho do museu consiste principalmente no estudo de séries de imagens. Isoladas, parecem indecifráveis. Com surpresa se verificará então que nos permitem acompanhar o desdobramento de processos intrapsíquicos.

Pinturas de um mesmo autor, tal como os sonhos, se examinadas em séries, revelam a repetição de motivos e a existência de uma continuidade no fluxo de imagens do inconsciente. Não raro verifica-se que essas séries contêm significações paralelas a temas míticos. Isso porque a peculiaridade da esquizofrenia reside na emergência de conteúdos arcaicos que configuram fragmentos de narrações mitológicas.

Essas pesquisas de paralelos históricos têm importância tanto teórica quanto prática. A tarefa do terapeuta será estabelecer conexões entre as imagens que emergem do inconsciente e a situação emocional vivida pelo indivíduo.

O trabalho no atelier revela que a pintura não só proporciona esclarecimentos para compreensão do processo psicótico, mas constitui igualmente verdadeiro agente terapêutico. É uma constatação empírica, repetidamente verificada no nosso atelier.

As imagens do inconsciente objetivadas na pintura tornam-se passíveis de uma certa forma de trato, ainda que não haja nítida tomada de consciência de suas significações profundas. Retendo sobre cartolinas fragmentos do drama que está vivenciando desordenadamente, o indivíduo dá forma a suas emoções, despotencializa figuras ameaçadoras.

Mostrando em incontáveis documentos as vivências sofridas pelos esquizofrênicos, bem como as riquezas de seu mundo interior, invisíveis para aqueles que se detêm apenas na miséria de seu aspecto externo, o trabalho realizado no Museu de Imagens do Inconsciente aponta para a necessidade de uma reformulação da atitude face a esses doentes e de uma radical mudança nos tristes lugares que são os hospitais psiquiátricos.

A grande onda obscurantista que invadiu a psiquiatria atual por meio dos neurolépticos fabricados pelos laboratórios multinacionais e ministrados nos hospitais em doses crescentes foi sufocando o exercício das diferentes atividades criadoras que caracterizavam os setores ocupacionais. Assim, foram varridos do hospital os vários setores ocupacionais da Stor. Apenas conseguimos manter o atelier de pintura, origem do museu, e algumas oficinas de apoio anexas às atividades plásticas.

Nem sempre o objetivo do tratamento é necessariamente "aprender a levar uma vida convencional dentro dos padrões de ajustamento usados pela média dos chamados cidadãos sadios na nossa cultura"[11].

O fio diretor do tratamento ocupacional da nossa seção é a reabilitação, ou seja, a recuperação do indivíduo para a comunidade em nível até mesmo superior àquele em que se encontrava antes da experiência psicótica.

Os trabalhos rotineiros (domésticos, industriais, burocráticos) são canais demasiado estreitos para dar escoamento às possíveis reativações do inconsciente, frequentes naqueles que passaram pela experiência psicótica, pela vivência de perigosos estados do ser.

Procuramos levar o indivíduo a compreender a utilidade que terá para ele, mesmo depois da alta, a prática das atividades expressivas, com as quais se familiarizou durante o tratamento ocupacional.

---

11. FROMM-REICHMANN, F. *La Psicoterapia y el Psicoanalisis*. Buenos Aires: Paidós, 1961, p. 18.

Grupo de estudos, atividade do Museu desde 1968.

Jung compara o indivíduo que emergiu de uma condição esquizofrênica a um terreno que, depois de uma guerra, guardasse ainda sob o solo explosivos dentro de cápsulas. Não será difícil tropeçar em massas condensadas de afetos. Um choque, embora pequeno, poderá levantar labaredas que atinjam outros núcleos possuidores de maiores cargas afetivas e produzir uma ativação intensa do inconsciente, colocando em perigo o equilíbrio a duras penas conquistado.

As atividades expressivas mostraram-se de enorme valor nessas situações, como medida preventiva contra recaídas na condição psicótica. Nossos ateliers estão sempre abertos aos egressos, e constantemente verificamos quanto lhes são proveitosas as manhãs que ali passam.

Nossa observação comprovou que a oportunidade que o indivíduo teve, durante o tratamento, de descobrir as atividades expressivas e criadoras, de ordinário tão pouco acessíveis à maioria, poderá abrir-lhe novas perspectivas de aceitação social por meio da expressão artística ou simplesmente (o que será muito) muni-lo de um meio ao qual poderá recorrer sozinho, para manter seu equilíbrio psíquico.

Casa das Palmeiras: uma experiência-piloto em psiquiatria

Desde o início da década de 1950 nos impressionava o fato de serem tão numerosas as reinternações nos nossos hospitais psiquiátricos. A porcentagem no Centro Psiquiátrico Pedro II era alarmante: 70% de reinternações. Infelizmente, a situação em 1986 permanece a mesma depois de quase quarenta anos, apesar da introdução de novos tratamentos, especialmente de substâncias químicas em elevadas doses. Ressaltemos que esses últimos dados provavelmente não correspondem à realidade, pelos seguintes motivos: a) somente são registradas as internações e reinternações a partir de 1976, desprezadas as reinternações anteriores; b) não são computadas as internações de indivíduos que tenham sido internados em outros hospitais, mesmo os encaminhados pelo antigo INPS, e que hajam passado por vários hospitais. Assim, as reinternações permaneceram na ordem de 70%. Mas face às restrições feitas em recente pesquisa não será exagero admitir que as reinternações tenham atingido percentagem mais alta. Esse fato dá testemunho de que algo está errado no conjunto do tratamento psiquiátrico.

Os propalados efeitos curativos dos psicotrópicos são ilusórios. Diminuíram o tempo de internação, estipulado em média (pelo INPS) entre quinze e trinta dias. Mas o número de reinternações não se modificou. Assim, estabeleceu-se um círculo vicioso entre a rápida permanência no hospital e a não menos rápida tentativa de vida na sociedade. Isso não significa que preconizemos a hospitalização prolongada, o hospital-asilo. Sempre acentuamos a necessidade do preparo do indivíduo para a saída do hospital, após haver atravessado o surto psicótico.

Não se leva em consideração que a vivência da experiência psicótica abala as bases da vida psíquica. Depois de um impacto tão profundo e violento, o egresso dificilmente se encontra em condições de reassumir imediatamente seu trabalho profissional anterior e de restabelecer os contatos interpessoais exigidos na vida familiar e social.

Daí ser fácil compreender quanto seria útil um setor hospitalar ou uma instituição que funcionasse como uma espécie de ponte entre o hospital e a vida na sociedade.

A única coisa que existe, para amparo do egresso, são os ambulatórios dos hospitais federais (Pinel, Centro Psiquiátrico Pedro II, Colônia Juliano Moreira, INSS). As clínicas particulares, que têm convênio com o INSS, não possuem ambulatórios. Limitam-se a reinternar os egressos e a usufruir as diárias dessas reinternações.

Como se realiza o atendimento dos egressos nos ambulatórios dos hospitais federais? Consultas extremamente rápidas, realizadas a intervalos bastante longos. De ordinário, dado o sistema ambulatorial *vigente*, não há condições para a investigação da problemática do doente. Raramente os pacientes são atendidos pelo mesmo médico, o que não permite o estabelecimento de uma relação individualizada. Os medicamentos psicotrópicos são quase sempre repetidos e distribuídos em grande quantidade. É fácil compreender que esse método acarreta grande perigo para o egresso, que fica de posse de enorme quantidade de psicotrópicos, podendo usá-los sem qualquer discriminação, muitas vezes ingerindo-os simultaneamente com bebidas alcoólicas. Outro agravante é a ausência de comunicação entre os ambulatórios, fato que permite ao indivíduo frequentar ao mesmo tempo mais de um ambulatório e assim prover-se de novas quantidades de psicotrópicos.

O doente não se aguenta fora do hospital. A família, quando existe, já se habituou à sua ausência. O peso do rótulo de egresso dificulta a obtenção de emprego. Quem já havia conseguido trabalho antes da internação é sumariamente despedido. Em muitos casos, o indivíduo vem para o Rio de Janeiro procedente de outros estados em busca de melhores condições econômicas de vida. Se vem do campo para a cidade, há uma mudança de cultura e meio social. Se conseguir emprego, terá de usar outros instrumentos de trabalho – deixar a enxada por instrumentos mais complexos, que ele não sabe manejar. Acresce que, habitualmente, é obrigado a morar na periferia da cidade, ambiente extremamente violento. Vêm a fome e o isolamento.

Todos esses fatores fazem com que o indivíduo se sinta de tal maneira acossado, que somente encontre como saída a porta da loucura, ou seja, o reinternamento.

E o ciclo recomeça. Às vezes o indivíduo prefere a miséria do hospital psiquiátrico à situação de egresso. Mas nem essa outra triste permanência no hospital lhe é permitida. Quinze dias depois de ingerir novas megadoses de psicotrópicos, ele é obrigado a sair do hospital. Pouco mais tarde virá nova reinternação, ou a alternativa da mendicância, numa tentativa de romper esse ciclo.

Distinguem-se dois tipos de mendigos: os que vivem em grupos e partilham as esmolas e os que permanecem isolados, fechados em seu mundo interno. Esses são facilmente reconhecíveis como egressos de hospitais psiquiátricos pelo recolhedor de mendigos da cidade e, não raro, encaminhados de volta ao hospital psiquiátrico, perdendo até a opção pela liberdade da subvida de mendigo. Constituem, segundo as estatísticas da Fundação Leão XIII, 55% dos "mendigos" recolhidos.

Acontece frequentemente que mendigos são acompanhados por cães, amigos de destino, sem dúvida, para muitos deles o único elo de vida que dá calor ao rude mundo externo. Essa relação afetiva entre o homem e o cão está constantemente ameaçada: o homem, pelo camburão da polícia; e o cão, pela carrocinha que o leva à tortura e à morte. As condições gerais de subvida do mendigo não raro o levam à morte anônima ao relento.

Essa situação é insolúvel?

Uma pequena experiência-piloto, iniciada em 1956 e que atravessou esses últimos trinta e seis anos, comprova ser possível modificar condições tão adversas, cortando o ciclo de reinternações. Trata-se da Casa das Palmeiras, instituição sem fins lucrativos, destinada ao tratamento e à reabilitação de egressos de estabelecimentos psiquiátricos. Funciona, nos dias úteis, em regime de externato.

Representa essa casa um degrau intermediário entre a rotina do sistema hospitalar, desindividualizado, e a vida na família e na sociedade, com seus inevitáveis e múltiplos problemas, onde a aceitação do egresso não se faz sem dificuldades.

Rótulos diagnósticos são, para nós, de significação menor, e não costumamos fazer esforços para estabelecê-los de acordo com classificações clássicas. Não pensamos em termos de doenças, mas em função de indivíduos que tropeçam no caminho de volta à realidade cotidiana.

O principal método de tratamento empregado na Casa das Palmeiras é o exercício espontâneo de atividades diversas, geralmente chamado de terapêutica ocupacional. Esse método, se corretamente conduzido, é um legítimo procedimento terapêutico, e não apenas prática auxiliar e subalterna como é considerado habitualmente. Fazemos constante apelo às atividades que envolvam especialmente a função criadora mais ou menos adormecida dentro de todo indivíduo. A criatividade é o catalisador por excelência das aproximações de opostos. Por seu intermédio, sensações, emoções e pensamentos são levados a reconhecer-se, a associar-se.

A tarefa principal da equipe técnica da Casa das Palmeiras é permanecer atenta ao desdobramento fugidio dos processos psíquicos que acontecem no mundo interno do cliente por meio de inumeráveis modalidades de expressão. E não menos atenta às pontes que ele lança em direção ao mundo externo, a fim de dar-lhes apoio no momento oportuno.

Convivendo com o cliente durante várias horas por dia, vendo-o exprimir-se verbal ou não verbalmente em ocasiões diferentes, seja no exercício de atividades individuais ou de grupo, a equipe logo chegará a um conhecimento bastante profundo de seu cliente. E a aproximação que nasce entre eles, tão importante no tratamento, é muito mais genuína que a habitual relação estabelecida num consultório entre médico e paciente.

A Casa das Palmeiras é um pequeno território livre, onde não há pressões geradoras de angústia, nem exigências superiores às possibilidades de resposta de seus frequentadores. A casa nunca procurou a *coleira* de convênios. Optou pela pobreza e pela liberdade.

Damos grande ênfase às relações interpessoais entre corpo técnico e cliente, sem as marcadas distinções discriminatórias que os separam. Distinguir médicos, psicólogos, monitores, estagiários, clientes torna-se tarefa ingrata. A autoridade da equipe técnica estabelece-se de maneira natural, pela atitude serena de compreensão face à problemática do cliente, pela evidência do desejo de ajudá-lo e por um profundo respeito à pessoa de cada indivíduo.

Portas e janelas estão sempre abertas na Casa das Palmeiras. Os médicos não usam jaleco branco, não há enfermeiras, e os demais membros da equipe técnica não usam uniformes ou crachás. Todos participam, ao lado dos clientes, das atividades ocupacionais, apenas orientando-os quando necessário.

Essas normas incomuns existem desde a fundação da casa, em 1956. Não contribuíram para fomentar desordem. Pelo contrário, seus efeitos criaram um favorável ambiente terapêutico para pessoas que já sofreram humilhantes discriminações em instituições psiquiátricas e até mesmo no âmbito de suas famílias; isso sem citar, por demais óbvias, as dificuldades que se erguem no meio social para recebê-los de volta.

Há várias linhas de pensamento que, apesar do descaso reinante, insistem em procurar fundamentação teórica para interpretar o método ocupacional. E várias denominações para designá-lo – laborterapia, praxiterapia, método hiperativo, método reeducativo, ergoterapia e, finalmente, terapêutica ocupacional, termo preferido por ingleses e americanos. A expressão *terapêutica ocupacional* generalizou-se, embora seja pesada como um paralelepípedo. Preferimos dizer *emoção de lidar,* expressão usada por um dos clientes da Casa das Palmeiras, pois sugere a emoção provocada pela manipulação dos materiais de trabalho, uma das condições essenciais para a eficácia do tratamento.

As teorias e seus nomes importam pouco. Todas podem ser úteis quando convêm a um determinado caso.

A equipe da Casa das Palmeiras está sempre atenta para apreender o que transparece na face, mãos, gestos do cliente. Essa observação, seja nas atividades individuais ou de grupo, nos parece indispensável para que o cliente seja conhecido em maior profundeza e torne-se possível uma abordagem terapêutica mais segura. A *emoção de lidar* oferece mil oportunidades para essa observação.

Nos seus trinta e seis anos de existência, a Casa das Palmeiras cumpriu seu objetivo: cortou o inexorável ciclo de internações-reinternações de seus clientes, a maioria dos quais não retornou ao hospital psiquiátrico desde que a frequenta. Frisemos que muitos desses clientes já haviam passado pelo traumatismo da internação dez vezes ou mais.

Acreditamos que a experiência da Casa das Palmeiras comprova a necessidade e a viabilidade de instituições em regime de externato. Poderiam ser criadas nos ambulatórios dos hospitais psiquiátricos federais e estaduais, em hospitais-dia, adaptando-os com decidido esforço às condições de nossa realidade. Assim, será de fato implantada uma nova política de saúde mental que virá evitar as onerosas e cruéis internações.

2
Estudo comparativo entre a demência orgânica e a "demência" esquizofrênica

Neste capítulo serão apresentados documentos referentes a um estudo comparativo entre a demência orgânica, irreversível, produzida por neurocirurgia, e a impropriamente chamada demência esquizofrênica, na qual se mantém potencialmente viva a força criadora.

Nas obras de Lúcio torna-se evidente a progressiva decadência da capacidade de estruturar formas.

A trajetória de Raphael foi completamente diversa. Aqui, não houve lesão da substância cerebral por psicocirurgia. Por meio de contatos humanos afetivos e da oportunidade para uma livre expressão, em ambiente cordial, tornou-se possível um extraordinário renascimento da atividade criadora. Ante a alta qualidade das produções plásticas de Raphael, fica demonstrada a impropriedade de admitir-se um processo de demenciação na esquizofrenia.

Confrontam-se, pois, duas formas opostas de tratamento psiquiátrico: a primeira, agressiva, anuladora das mais altas prerrogativas do ser humano; a segunda, ao contrário, estimuladora das possíveis potencialidades do indivíduo, num ambiente acolhedor.

Lúcio – Decadência irreversível

Lúcio nasceu em 1915. Curso primário incompleto. Trabalhou durante seis anos em uma papelaria. Posteriormente fez-se vendedor ambulante de gravatas e perfumes. Dotado de grande habilidade, fazia, por prazer, trabalhos em madeira que surpreendiam a família. Nunca estudou desenho nem modelagem.

Internado no Centro Psiquiátrico Pedro II em 12 de junho de 1947. Resumo da folha de observação: paciente angustiado, que se sente sob a ameaça de múltiplos perigos. Inimigos poderosos o perseguem, descobrem seus pensamentos, aplicam-lhe choques elétricos nas vísceras, em todo o corpo. Profere frases sem sentido aparente e respostas que não se relacionam com as perguntas. É difícil estabelecer contato com Lúcio, que se torna mais esquivo à medida que o médico tenta abordar de perto seus problemas. Diagnóstico: esquizofrenia. Tratamento: Cardiazol e eletrochoque. Reduzem-se os fenômenos tumultuosos do início da doença, porém persiste o mesmo quadro clínico.

Em dezembro de 1948 é encaminhado ao Serviço de Terapêutica Ocupacional, oficina de encadernação, onde, apesar de já conhecer algo do ofício, nada desperta seu interesse. Por fim, pede, espontaneamente, para frequentar a seção de modelagem. Trabalha então com visível prazer, ficando durante horas absorvido na moldagem do barro. Produz obras de notável qualidade artística, algumas das quais apresentadas na exposição dos "9 Artistas de Engenho de Dentro", organizada pelo Museu de Arte Moderna de São Paulo em outubro de 1949, selecionadas pelo seu diretor Leon Degand e pelo crítico de arte Mário Pedrosa.

Sua primeira obra é cópia, de memória, de uma escultura do artista francês Lembert-Rucki, vista pelo paciente, em clichê, numa revista, antes de sua internação (fig. 1). Interpreta-a personificando no menino Jesus as forças do bem, frágeis, que vão lutar e ser vencidas pelas forças do mal. Inutilmente as mãos maternas tentam protegê-lo. Exceto por duas figuras femininas, seus demais trabalhos representam *guerreiros,* empenhados na luta entre o bem e o mal: guerreiro egipciano (fig. 2), guerreiro francês (fig. 3), guerreiro de pé, empunhando lança (fig. 4), guerreiro de joelhos, derrotado (fig. 5). Pode-se sentir nessas esculturas a forte tensão emocional contida na rigidez de formas trabalhadas severamente.

Lúcio encontrara uma atividade que lhe dava prazer, pois proporcionava-lhe oportunidade para dar forma às emoções que o avassalavam, à luta entre o bem e o mal, que frequentemente se encontra na base das ideias delirantes da esquizofrenia. Mas, apesar de algumas melhoras em seu comportamento, do reconhecimento da alta qualidade de suas modelagens, o médico psiquiatra responsável por Lúcio, com o apoio da família, decidiu recorrer à psicocirurgia, tratamento muito preconizado

Figura 1
Lúcio Noeman, 1948, escultura / modelagem em cimento / pó de pedra, 55,8 x 21 x 23,3 cm, [T3480]

Figura 2
Lúcio Noeman, 1948, escultura em gesso impermeabilizada com goma laca, 39,4 x 31 x 25,8 cm, [T3479]

Figura 3
Lúcio Noeman, [1949], fotografia de escultura em barro

Figura 4
Lúcio Noeman, [1949], fotografia de escultura em barro

Figura 5
Lúcio Noeman, [1949], escultura em gesso, transposta de escultura em barro, 40 x 23,2 x 34 cm, [T3482]

na época. Inutilmente tentei evitar esse desastre, chegando a dizer ao colega que havia indicado a cirurgia: "Vocês vão decapitar um artista".

Obras de Lúcio achavam-se ainda na exposição do Museu de Arte Moderna de São Paulo, inaugurada no dia 12 de outubro, quando ele foi submetido, no Rio de Janeiro, em 19 de outubro de 1949, à lobotomia pré-frontal bilateral pela técnica de Poppen.

Existem duas esculturas posteriores à operação. O busto, modelado trinta dias após a lobotomia, conserva boas qualidades plásticas, mas caracteriza-se pela inexpressividade e pelo acabamento grosseiro (fig. 6). A escultura feita quatro meses mais tarde (fig. 7) representa estranha serpente que domina, marca e deprime uma caverna de rocha esponjosa, como a dividi-la em duas partes que sugerem o aspecto dos hemisférios cerebrais. Ao contrário das obras anteriores à operação, nestas estão ausentes a tensão afetiva e o meticuloso tratamento técnico.

Estava atingido o primeiro objetivo visado pelos partidários da lobotomia: separar o pensamento de suas ressonâncias emocionais.

Motivos de ordem administrativa impediram, nessa altura, que o doente continuasse a frequentar nosso serviço. Tentamos então o desenho, na própria enfermaria do hospital. Infelizmente não existem, para confronto, desenhos anteriores à operação feitos antes da doença ou depois de iniciado o processo esquizofrênico. Entretanto, a invulgar capacidade de criar formas revelada por Lúcio,

Figura 6
Lúcio Noeman, [1949], escultura em gesso, transposta de escultura em barro, 36,1 x 28,5 x 22,6 cm, [T3481]

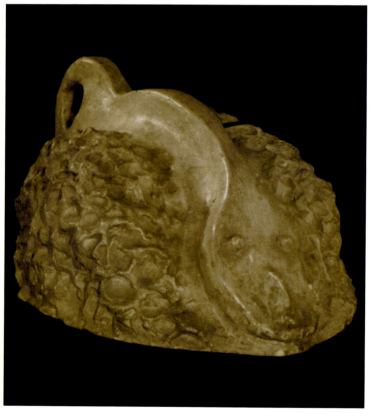

Figura 7
Lúcio Noeman, 1950, escultura em gesso impermeabilizada com goma laca, 15,3 x 21,8 x 33,6 cm, [T4139]

talhando-as na madeira, quando ainda sadio, ou modelando-as no barro no atelier da nossa seção de Terapêutica Ocupacional, leva-nos a admitir, diante desses desenhos, que uma catastrófica regressão ocorreu (figs. 8 e 9). Trazem elas as marcas de déficit, características das alterações orgânicas do cérebro: pobreza imaginativa, puerilidade de concepção, inabilidade de execução.

Figura 8
Lúcio Noeman, 1950, grafite sobre papel, 32,8 x 23,4 cm, [T9102]

Figura 9
Lúcio Noeman, 1950, grafite sobre papel, 16,1 x 22,8 cm, [T7163]

Freeman e Watts, dois dos maiores executores de leucotomias do mundo, embora reconheçam que a criatividade é a mais alta forma de manifestação de que o homem é capaz, dizem com a maior frieza que "de um modo geral a psicocirurgia reduz a criatividade e algumas vezes a elimina totalmente"[1].

Um ano e meio após a lobotomia, Lúcio é transferido para o Hospital Gustavo Riedel. Nesse hospital, sua folha de observação registra desordens profundas da personalidade. Seus inimigos "mandaram abrir sua cabeça dos dois lados e colocaram lá dentro dois dínamos de aço que correm pelo seu corpo todo, para transformá-lo em rato e gato".

Várias tentativas de fuga levadas a efeito por Lúcio levaram a direção do Hospital Gustavo Riedel a proibir sua vinda ao atelier de modelagem, situado a alguma distância do hospital. Na única experiência feita, permaneceu ele apático, desinteressado, sem mesmo tocar o barro. Recorremos mais uma vez ao desenho, na própria enfermaria, com o doente solicitado pelo enfermeiro. A figura 10 é datada de setembro de 1953.

Figura 10
Lúcio Noeman, 1953, guache e lápis-cera sobre papel, 28,4 x 38,1cm, [T7162]

Se os desenhos de 1950 representam exemplos de etapas elementares do desenvolvimento da expressão gráfica, percorridas em sentido inverso, chegando até a fase do girino, no qual a figura humana tem apenas cabeça e membros rudimentares, os desenhos de 1953 desceram ao estágio mais baixo, à fase de garatuja. Garatujas pobres e arrítmicas, indicadoras de demência orgânica.

---

1. FREEMAN, W. *American Handbook of Psychiatry II*. Nova York: Basic Books, 1959, p. 1.535.

Trinta e dois anos mais tarde, houve nova oportunidade de trazer Lúcio ao atelier de modelagem. Ele mostrou muito pouco interesse em trabalhar o barro que tinha diante de si. Apático, pedia constantemente para voltar ao leito da enfermaria. Solicitado com insistente cordialidade, moldou lentamente algumas disformes, terríveis carrancas (figs. 11 e 12).

Figura 11
*Lúcio Noeman, 1981,
modelagem em barro,
17,5 x 22,3 x 24,5 cm, [T9721]*

Figura 12
*Lúcio Noeman, 1981,
modelagem em barro,
23,9 x 19 x 20,3 cm, [T7165]*

Portanto, a psicocirurgia em Lúcio não trouxe melhoras em seus contatos ou atividades sociais, bem como anulou arrasadoramente sua capacidade criadora.

O combate entre o bem e o mal, que fazia Lúcio sofrer, tinha dimensões mitológicas. Era uma forma bastante nítida do combate entre deuses e titãs, de que nos fala Marie-Louise von Franz[2].

A mitologia narra vários episódios dessa terrível e muito remota luta. Foram os titãs que desmembraram Dioniso, esse deus que tem tantas analogias com o Cristo. Na primeira escultura de Lúcio, o menino Jesus vai ser massacrado pelas forças do mal (os titãs). Mas, no mito, Dioniso ressuscita. A compreensão do mito talvez tivesse salvado Lúcio. Mas quem iria falar em mitos? O científico seria a lobotomia. A luta entre deuses e titãs foi reduzida a "uma luta entre rato e gato".

Raphael – sobrevivência da força criadora

Acabamos de ver algumas imagens que dão testemunho de demência orgânica bem caracterizada.

Ainda hoje muitos psiquiatras admitem que também na esquizofrenia, sobretudo nos casos ditos crônicos, instala-se um quadro de demência na acepção de queda da inteligência, da afetividade, da criatividade.

---

2. VON FRANZ, M.-L. *Creation Myths*. Zurique: Spring, 1972, p. 108.

Raphael no atelier de pintura do Museu, 1948.

Haverá na esquizofrenia fenômenos de decadência semelhantes àqueles apresentados pelo lobotomizado Lúcio nos seus desenhos e modelagens?

O próprio Kraepelin, que dá à palavra *demência* o sentido de enfraquecimento intelectual, quando se trata de esquizofrênicos não usa o termo *demência*, mas *Verblodung*, que significa *tímido, envergonhado, a ponto de dar a impressão de retardamento mental*. Mas os autores franceses traduziram *Verblodung* por demência[3]. E à palavra *demência* está ligado o conceito de decadência, de ruína. Outros autores, para evitar erros maiores, traduzem *Verblodung* por *para-demência*.

Vejamos textos de Bleuler, representante máximo da psiquiatria clássica, publicados em 1911, mas ainda demasiado revolucionários para serem admitidos na prática psiquiátrica de hoje:

"Em nenhuma outra doença, as perturbações da inteligência são mais inadequadamente designadas pelo termo *demência* que na esquizofrenia"[4].

"Mesmo os mais 'demenciados' esquizofrênicos, em condições favoráveis, podem demonstrar uma súbita capacidade de realizar produções de tipo altamente integrado"[5].

"O esquizofrênico pode ser incapaz de somar dois algarismos e daí a momentos extrair uma raiz cúbica. [...] Em certas condições, ele compreende um tratado de filosofia, mas não consegue compreender que terá de comportar-se de acordo com as normas sociais, se desejar sair do hospital. O esquizofrênico não é 'demenciado' no sentido de decadência (*downright*); porém, é 'demenciado' em certas ocasiões, em relação a certas constelações afetivas, a certos complexos"[6].

Dado o reconhecimento da impropriedade do termo "demência", nos países anglo-saxões passou a ser usada a expressão *deterioração,* que designaria a desintegração emocional e do pensamento, em consequência da falta de uso das funções intelectuais, perda do interesse pelo ambiente por absorção nos fenômenos patológicos internos, e ainda falta de solicitações externas que despertem interesse.

Há psiquiatras que veem na deterioração principalmente uma consequência do regime asilar.

O caso de Raphael levanta perturbadores problemas na área psiquiátrica.

Seu pai, de nacionalidade espanhola, escultor, dedicava-se à construção de monumentos fúnebres. Mãe brasileira, de ascendência italiana. Raphael nasceu em julho de 1913, sendo o primogênito dos quatro filhos do casal. Sua mãe o descreve como um menino tímido, sensível, retraído. O casal vivia em constantes desentendimentos, tendo por fim o marido abandonado o lar. Tinha Raphael

---

3. NAYRAC, P. *La Démence Paranoide.* Paris: Vigot & Fréres, 1924, p. 15.
4. BLEULER, E. *Dementia Praecox or The Ggroup of Schizophrenias.* Nova York: International Universities Press, 1950, p. 71.
5. Ibid., p. 72.
6. BLEULER, E. *Textbook of Psychiatry.* Nova York: Dover, 1951, p. 385-386.

nessa ocasião onze anos. Sendo ele o filho mais velho, deixou a escola para empregar-se e assim ajudar a família, que se achava em situação precária depois do abandono do pai. Seu primeiro emprego foi de ajudante na fabricação de gaiolas para pássaros, triste ironia para quem era como ele tão semelhante a um pássaro. Posteriormente trabalhou numa tipografia.

Sentia-se atraído pela arte. Aos treze anos matriculou-se no Liceu Literário Português, onde fazia o curso de desenho com muito entusiasmo. Ali o ensino era de caráter acadêmico, mas Raphael conseguia infundir vida mesmo aos modelos de gesso, revelando seu singular talento (figs. 13, 14,15 e 16).

Figura 13
Raphael Domingues, 1925, nanquim bico de pena *sobre papel, 36 x 25,2 cm, [T2305]*

Figura 14
Raphael Domingues, 1927, crayon *sobre papel, 54 x 45,8 cm, [T1683-A]*

Figura 15
Raphael Domingues, [década de 1920],
crayon *sobre papel,*
54,8 x 42 cm, [T2659]

Figura 16
Raphael Domingues, [década de 1920],
crayon *sobre papel,*
56,8 x 44,6 cm, [T1687]

Figura 17
*Raphael Domingues, [década de 1920],
crayon sobre papel,
57 x 44,1 cm, [T2311-A]*

Obtinha frequentemente o primeiro lugar. Paralelamente, por necessidades pecuniárias da família, trabalhou como desenhista em escritórios particulares, fazendo desenhos para publicidade, cartazes, decorações. Todas essas atividades simultâneas, somadas às responsabilidades de filho mais velho, tornaram-se demasiado pesadas.

Aos quinze anos apareceram os primeiros sintomas da doença: abandono do emprego; riso imotivado que ia até a gargalhada; desorientação, perdia-se nos arredores de Santa Teresa; alusão a vultos que o seguiam e perseguiam. Lançava objetos pela janela de casa; às refeições, esfregava os alimentos nas pernas ou na mesa e nas paredes. Satisfazia as necessidades fisiológicas no local onde se encontrasse.

Apesar de todos esses graves sintomas, ainda desenhava em casa. Datam desse período vários desenhos, dentre os quais o retrato de um de seus irmãos (fig. 17). Olhando-o, ninguém hesitará em afirmar que se trata do retrato de um esquizofrênico, dada a sua postura. Não enganam a atitude rígida, a expressão fisionômica reveladora de que a tensão está toda voltada para dentro, onde se agitam pensamentos estranhos e angustiosos. Entretanto, o modelo é um rapaz alegre e extrovertido. Por que Raphael, hábil desenhista, afastou-se tanto do seu modelo?

Já Leonardo da Vinci havia observado que os pintores frequentemente representam a si mesmos nos personagens que pintam, impondo suas qualidades físicas e morais aos modelos mais dessemelhantes e não lhes poupando nenhum de seus defeitos.

É um fenômeno de *projeção*. No caso de Raphael, crescem suas proporções. Os modelos exteriores já não exercem limitações. Plasma-lhes a forma segundo sua própria alma.

A doença progredia rapidamente. Além do riso extemporâneo, Raphael passou a entregar-se a longos solilóquios, e a usar linguagem desconexa. Seu desenho perde a unidade e dissocia-se completamente (fig. 18). Abandonou os cuidados de higiene corporal. Perambulava sem destino pelas ruas, sendo necessário que seus irmãos o fossem procurar. Em casa, trocava objetos de lugar, jogava fora utensílios domésticos.

Mantinha-se, porém, dócil. Assim, sua mãe conservou-o em casa durante anos.

Só em 1932, aos dezenove anos, Raphael foi internado no Hospital da Praia Vermelha. Sua observação clínica registra grande dificuldade de contato, desagregação do pensamento e desinteresse pela realidade. É necessário que o enfermeiro o guie nos cuidados pessoais mais elementares. Às vezes urina no solo da enfermaria e esfrega o líquido com as próprias mãos. Sempre que consegue um lápis, desenha garatujas nas paredes da enfermaria. Por esse motivo, o psiquiatra, sob os cuidados de quem se achava, encaminha-o para o atelier de desenho e pintura da Seção de Terapêutica Ocupacional. Nessa ocasião, já se havia passado catorze anos desde sua internação.

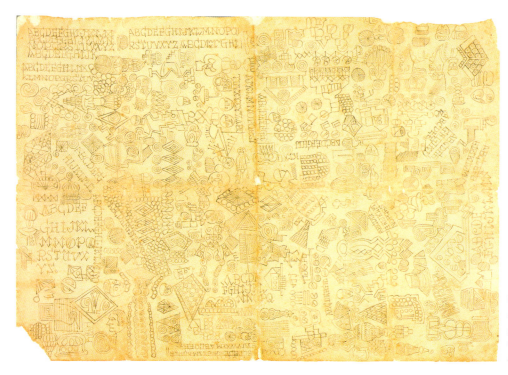

Figura 18
*Raphael Domingues,
[década de 1920],*
crayon *sobre papel,
37,9 x 51,4 cm, [T4476-A]*

Na sala de pintura comporta-se docilmente. Esboça quase sempre um sorriso enquanto se entrega a seus constantes solilóquios de sentido inapreensível. Maneirismos nos gestos, que se complicam de movimentos supérfluos, leves e delicados. Pequenas malícias: breve pincelada feita de súbito sobre a roupa de uma pessoa que se aproxima demasiado de sua mesa de desenho, seguida de um sorriso amplo. Papel, tinta, pincéis lhe são trazidos, e ele os aceita com visível prazer.

O desenho de Raphael nessa ocasião consistia fundamentalmente em linhas entrecortadas, formando pequenos quadrados, que ocupam todo o papel. E algumas vezes desdobram-se ritmicamente, variando em tamanho e em cores, como um motivo ornamental de belos efeitos (fig. 19).

Figura 19
*Raphael Domingues, 1946,
guache sobre papel,
33,4 x 47,8 cm, [T2691-A]*

Os primeiros desenhos de Raphael no atelier da Seção de Terapêutica Ocupacional revelam que uma pulsão criadora inata sobrevive, ainda que estejam presentes graves fenômenos de desintegração da personalidade. Ele recobria folhas e folhas de papel com um jogo de linhas e ornamentações, fenômeno considerado por Prinzhorn a origem da configuração. "Necessidade de expressão, compulsão ao jogo e à ornamentação convergem na pulsão de configurar formas"[7].

De fato, dentre ornamentos constituídos por pequenos quadrados azuis, emerge um perfil de mulher (fig. 20). Solicitado com insistência, Raphael chama a figura de "Minervina", primeira tentativa de figuração. No alto do mesmo desenho, uma forma constituída de um pequeno círculo central de onde partem quatro pétalas e vários raios, por sua vez encerrados noutro círculo. Podemos identificar nessa forma a mobilização de forças ordenadoras que se opõem à dissociação e ao caos (mandala).

Figura 20
*Raphael Domingues, [1946],
guache sobre papel, 66,5 x 48,5 cm, [1T690]*

Fator fundamental foi, desde o início, a presença do artista Almir Mavignier, então funcionário burocrático do Centro Psiquiátrico, que aceitou trabalhar no atelier de pintura, em colaboração conosco. Raphael encontrou apoio afetivo e estímulo em Almir Mavignier, sempre ao seu lado durante suas atividades, mas sem nunca pretender influenciá-lo.

Um dia, contrariando a regra de não intervenção na produção plástica dos frequentadores do atelier, um funcionário da secretaria entrou por acaso na sala e, vendo os abstratos de Raphael, disse-lhe: "Raphael, pinte uma cara". Raphael imediatamente desenhou uma cara (fig. 21). A seguir, o funcionário disse: "Agora pinte um burrinho". Raphael pintou o burrinho (fig. 22).

Esse fato insólito marcou o início de nova fase no desenho de Raphael. A partir daí, sem etapas de transição, num salto espantoso, surgem traços mágicos que virão configurar desenhos

---

7. PRINZHORN, H. *Artistry of the Mentally Ill*. Nova York: Springer, 1972, p.15.

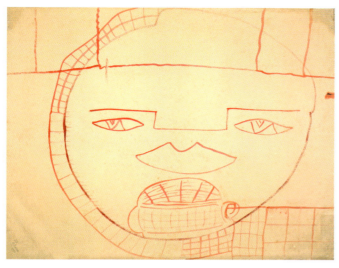

Figura 21
*Raphael Domingues, 1947,
guache sobre papel,
48,4 x 60,9 cm, [T2663]*

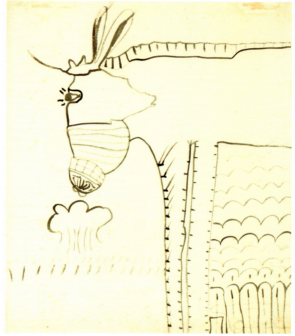

Figura 22
*Raphael Domingues, 1947,
guache sobre papel,
59,6 x 48,1 cm, [T2313]*

da mais alta qualidade. O figurativo mescla-se ao abstrato, mas, se os desenhos figurativos não forem logo retirados, Raphael os recobre com suas habituais linhas entrecruzadas, preenchendo toda a folha do papel.

Raphael representa várias visões dos "inumeráveis e perigosos estados do ser" que ele atravessa. Lê-se num texto de Bleuler: "A personalidade cai em pedaços"[8]. Essa frase serviria de legenda para alguns dos desenhos de Raphael (fig. 23). A vivência da dis-

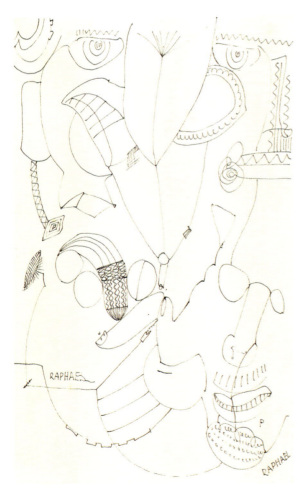

Figura 23
*Raphael Domingues, 1948,
nanquim bico de pena sobre papel,
35,8 x 26,8 cm, [T2321]*

8. BLEULER, E. Op. cit., p. 143.

sociação psíquica torna-se perceptível por meio de imagens de desmembramento. Mas todos esses fragmentos juntam-se de novo, embora em precária coesão, e Raphael continua nos oferecendo outros instantâneos de suas vivências mais secretas (fig. 24).

Para viver livremente em seu mundo interior, onde, absorvido, convive com as imagens do inconsciente, atraentes ou ameaçadoras, o esquizofrênico se esquiva ao contato com as coisas externas. Dentre todas as solicitações exteriores, a mais perturbadora é a da visão. As percepções visuais nos convencem a cada momento da realidade do mundo exterior e nos induzem a com ele manter estreitas relações. Esse mundo, porém, já não interessa a Raphael. Só o importuna. Raphael procura defender-se. Desenhou muitas figuras cujos olhos não se destinam a ver o mundo exterior (fig. 25). Às vezes, ele os ornamenta. Outras vezes, cerra-os, cose-os, lacra-os (fig. 26).

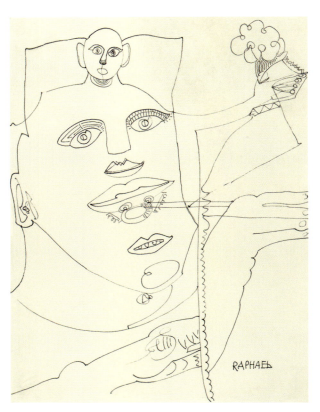

Figura 24
*Raphael Domingues, 1948,
nanquim bico de pena sobre papel,
35,8 x 26,8 cm, [T2320]*

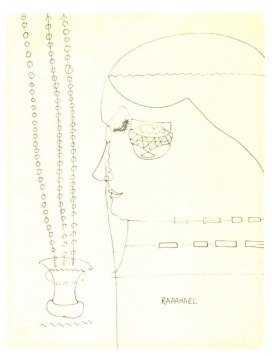

Figura 25
*Raphael Domingues, 1949,
nanquim bico de pena sobre papel,
35,8 x 26,8 cm, [T2711]*

Figura 26
*Raphael Domingues, 1948,
guache sobre papel,
32,5 x 23,6 cm, [T2726]*

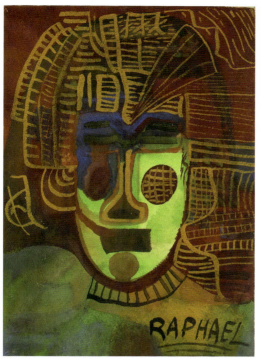

Figura 27
*Raphael Domingues, [1949],
guache sobre papel,
43,4 x 30 cm, [T2677-A]*

Na pintura de luminoso colorido (fig. 27), os olhos estão afogados em duas grandes manchas. E é curioso que não seja Raphael o único a exprimir desse modo o estado do autismo esquizofrênico. A doente Aloyse, internada num hospital da Suíça, pinta também figuras com os olhos velados sob "duas enormes amêndoas azuis" que impedem a visão do mundo exterior[9].

Entretanto, o autismo não é irreversível. Há ocasiões em que, surpreendentemente, Raphael emerge do seu mundo interior para retomar breves contatos com a realidade. Periodicamente, a dedicada mãe de Raphael levava-o a passar em casa curtas temporadas. Almir Mavignier não permitia que essas saídas interrompessem sua atividade plástica e ia à sua residência estimulá-lo.

Algumas vezes, solicitado por Almir, Raphael acaba detendo o olhar nos objetos que este dispusera à sua frente. Durante momentos, escapa às imagens interiores que o mantêm cativo, e o resultado foram as magníficas naturezas-mortas, das quais decerto não estão ausentes elementos subjetivos (figs. 28 e 29).

Figura 29
*Raphael Domingues, 1948,
nanquim bico de pena sobre papel,
31,5 x 47,4 cm, [T2367]*

Figura 28
*Raphael Domingues, 1949,
nanquim bico de pena sobre papel,
49,8 x 35,3 cm, [T2704]*

---

9. DUBUFFET, J. *Aloyse* – Publications de la Compaigne de l'Art Brut. Paris, 1966, p. 7.

Almir também lhe propunha desenhar retratos de amigos que o admiravam e o visitavam: Murilo Mendes, Abrahão Palatinik, Mário Pedrosa, o próprio Almir e outros. A partir de alguns traços de semelhança com o modelo, Raphael desdobrava sua tendência ao jogo, criando imagens que estavam longe dos modelos reais, sempre ricamente ornamentadas (figs. 30 e 31).

Quanto à qualidade, os desenhos de Raphael levantam problemas fundamentais.

O prazer de desenhar num ambiente onde era tratado como pessoa humana que-

Figura 30
Raphael Domingues, [1949], nanquim bico de pena sobre papel, 47,4 x 31,2 cm, [T2360]

Figura 31
Raphael Domingues, 1949, nanquim bico de pena sobre papel, 47,4 x 30,7 cm, [T2366]

rida despertou em Raphael insuspeitadas manifestações de força criadora. Seus desenhos atingiram alta qualidade, reconhecida por críticos de arte como Leon Degand, Sérgio Milliet, Antônio Bento, Flávio de Aquino e outros. Destacamos a opinião do nosso mais eminente crítico de arte, Mário Pedrosa (fig. 32):

"Os artistas de Engenho de Dentro superam a qualquer respeito convenções acadêmicas estabelecidas e quaisquer rotinas da visão naturalista e fotográfica. Em nenhum deles as receitas de escola são levadas em consideração.

Como o novo mundo imaginário surgido dentro dele, os velhos moldes formais são inadequados, e novos esforços se fazem necessários para dar-lhe expressão plástica. A forma se modifica e se enriquece. As habilidades aprendidas tendem a desaparecer para só ficar o dinamismo expressivo, o ritmo puro (figs. 33 e 34).

O fluido rítmico presente em toda forma autêntica é o imponderável que dá vida às obras

Figura 32
*Raphael Domingues, 1948,
nanquim sobre papel,
47,4 x 31,1 cm, [T2723]*

Figura 33
*Raphael Domingues, 1948,
nanquim bico de pena sobre papel,
47,4 x 31,4 cm, [T2364]*

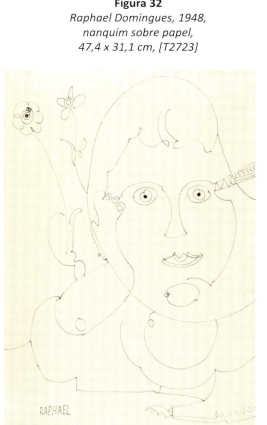

artísticas como a tudo o que é dotado de existência no mundo. É a fonte da corrente melódica, na música como no desenho. Constitui o segredo do desenho de Raphael. Os impulsos do jogo e do ornamental, que exercem sua ação sobre a própria pessoa do criador, conduzem os arabescos daquele artista, exibindo-se nos brincos, turbantes, medalhas, crachás, colares, plumas das suas figuras.

Figura 34
*Raphael Domingues, 1949,
nanquim bico de pena sobre papel,
47,3 x 30,7 cm, [T2358]*

Não é só, porém, nas figuras que desenha que se nota essa manifestação lúdica; ele também consegue transpô-la para outros gêneros, e assim temos esse caráter extremamente rico, orientalmente luxuoso de suas naturezas-mortas (fig. 35).

Figura 35
*Raphael Domingues, 1948,
guache sobre papel,
31,7x 47,9 cm, [T2728]*

Em Raphael dá-se a fusão desses dois elementos supremamente desinteressados: o jogo e o ornamento. A atitude dele no trabalho de criação é a expressão mesma desse jogo desinteressado. Raphael desenha cantarolando ou em solilóquio monossilábico. O pincel ou a pena frequentemente é suspenso para ele fazer um gesto gratuito com o braço. Ora transpassa o pincel pelas costas de uma para outra mão, ora pinga um ponto no canto do cavalete, na ponta da mesa ao lado, no primeiro objeto ao alcance do braço. Essa fantasia se manifesta ainda nas mil maneiras com que põe sua assinatura, depois do trabalho realizado. Essas assinaturas obedecem em geral ao estilo ou ao espírito do desenho.

Sua linha é a projeção de uma mímica gratuita. Obedece a um ritmo misterioso que não nasce na tela nem se limita ao plano da composição. Vem de longe, como um seguimento do gesto do braço que desliza sobre o papel. É dotada por isso mesmo de uma gratuidade natural, que faz o seu encanto. É afirmação pura. Não tem assunto, morrendo e nascendo ali mesmo, sem outra finalidade que a de realizar-se em pureza, em graça, harmonia, finura. Daí provém o seu estranho poder sobre nós. Sente-se através da trama, perfeita e livre, o palpitar de uma personalidade, de uma alma aflita por exprimir-se quando a linguagem verbal já não lhe serve mais de agente de comunicação com os homens.

Nunca o misterioso 'como' da elaboração da forma foi mais concretamente visível do que em Raphael, pois nele é que se percebe de que profundezas vem ela (figs. 36 e 37). É um fenômeno físico, fisiológico mesmo, e, ao mesmo tempo, intuitivo, misteriosamente dirigido por um conhecimento suprassensível, super-racional.

Que fez o destino a um ser extraordinário como Raphael? Tentou expulsá-lo da vida, trancando-lhe de saída a mocidade. Engenho de Dentro, felizmente, recolheu seus restos de personalidade,

Figura 36
*Raphael Domingues, 1948,
nanquim bico de pena sobre papel,
47,5 x 31,3 cm, [T2359]*

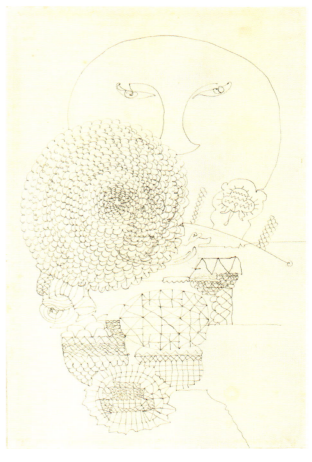

Figura 37
*Raphael Domingues, 1949,
nanquim bico de pena sobre papel,
47,4 x 31,2 cm, [T2355]*

permitindo que ele fizesse uso de parte de seu aparelho de percepções. E o que com este fez é sem par na história da criatividade humana"[10] (fig. 38).

Mas não se prolongou muito esse apogeu de criatividade. A qualidade do desenho de Raphael entrou em declínio. Talvez a partida de Almir Mavignier para a Europa, em novembro de 1951, tenha sido para Raphael uma dolorosa frustração. A vida de Raphael caía na rotina hospitalar, faces profissionais quase sempre indiferentes, sejam de médicos ou de enfermeiros. Tentativas foram feitas para manter à mesma temperatura o clima do atelier. O monitor que assumiu o atelier de pintura, apesar de seus esforços, não conseguiu estimular Raphael. Voltaram os traços repetidos, cruzados ou não, cobrindo toda a folha de papel. Raramente uma ou outra configuração rudimentar delineava-se (fig. 39).

Mas eu não aceitava que toda aquela força criadora se tivesse extinguido. Essa força só se reergueria se fosse tocada por um estímulo que atingisse Raphael.

Assim, em 1968, ocorreu-me convidar a desenhista Martha Pires Ferreira para trabalhar com Raphael. Os trabalhos de Martha eram finamente traçados a bico de pena, como ele mesmo fazia. A realidade também não a prendia; em seus desenhos predominavam seres fantásticos. Havia, pois, afinidades entre os dois. Talvez se entendessem, pois sem afinidades nenhum relacionamento verdadeiro poderá criar-se.

Martha narra seu primeiro encontro com Raphael em fins de 1969.

"Entrei no atelier de pintura, observei o homem de feições delicadas e de mãos leves a traçar risquinhos no papel – e que mãos!

Docemente, depois de longo tempo de observação, perguntei o que estava desenhando. Permaneceu em silêncio como se eu nem existisse. Pediram que falasse comigo – não me deu a menor atenção. Continuou seus tracinhos sem ao menos me olhar. Fiquei observando-o por algum tempo mais. Baixinho e risonha disse a ele: 'Esses tracinhos parecem canto de pássaros, ti... ti... ti...' Para surpresa geral, ele levantou os olhos de amêndoa e repetiu: 'Canto de pássaros'. E novamente mergulhou no silêncio.

Nem uma só vez ele deixou de se comunicar comigo de alguma forma. Logo no primeiro dia falei das árvores e do sol lá fora. Nada de artifícios, tudo muito espontâneo. Quase na hora de eu ir embora, uma das monitoras se aproximou e, brincando, se dirigiu a Raphael: 'Arranjou uma namorada, hein? Como é o nome dela?' Ele levantou a cabeça, olhou fixo para mim e, voltando o rosto para o papel, respondeu em voz clara: 'Espanholita', e sorriu, como que satisfeito pela resposta que dera. E mergulhou novamente nas profundezas do seu ser."

Realmente, Martha possui em suas feições algo do tipo espanhol, uma característica logo apreendida por Raphael.

Martha continua:

"Suas antenas perceptoras são poderosíssimas, parece que ele lê os sentimentos. É curioso constatar como ele dispensa imediatamente qualquer falso sentimento de afeto na aproximação. Isso foi uma coisa que me impressionou muito. Quantas vezes me vi e ainda me vejo constrangida diante de

---

10. PEDROSA, M. Coleção "Museus Brasileiros II". Rio de Janeiro: Funarte, 1980, p. 88.

Figura 38
*Raphael Domingues, 1948,
óleo e guache sobre papel,
36,3 x 24,8 cm, [T2725]*

Figura 39
*Raphael Domingues, sem data,
guache sobre cartão,
29,2 x 45,4 cm, [T9094]*

sua quase invisível consciência do comportamento das pessoas. Para mim, Raphael, que vive alado, em seus raros momentos de pouso registra tudo, observa tudo".

Muito pouco a pouco, cheio de receios e cuidados, Raphael está voltando a desenhar, a tocar melhor no mundo exterior. Já não invade toda a folha de papel; chegou a desenhar rostos humanos, gatos, círculos, pássaros, sol, flores e outros símbolos enigmáticos para todos nós.

Martha continua registrando suas observações, preciosas porque vindas de uma pessoa sem os preconceitos adquiridos na área médica que tantas vezes levantam verdadeira barreira entre terapeuta e doente:

"Não há a menor dúvida de que estão vivos os componentes de afetividade dentro de Raphael. Eu sei que ele percebe e ele sabe que eu percebo. Os olhares grosseiros não podem entender as sutilezas da vida, e por isso dizem que tais sutilezas não existem"[11].

O estreitamento das relações entre Raphael e Martha foi despertando nele a atividade criadora. Seus desenhos de traços repetitivos foram tomando configuração. Entretanto, não atingiram a alta qualidade de sua fase áurea. Chegariam lá? Não saberemos nunca.

Martha se ausenta, viajando para o exterior. Mais uma vez Raphael perde um apoio afetivo. Reafirmamos aquilo que várias vezes já repetimos: sem aponte firme de um relacionamento afetivo não há cura possível para os graves estados do ser da patologia psíquica.

Em favor dessa afirmação lembremos os acontecimentos relatados por M.A. Sechehaye na descrição do caso de Renée (também uma jovem cuja doença se manifestou aos dezessete anos). Renée regredia quando pequenos fatos da vida cotidiana, em seu sentir, ameaçavam sua relação afetiva com a terapeuta[12].

Depois da partida de Martha, o desenho de Raphael volta aos repetitivos traçados de linhas entrecruzadas.

Desenhou no atelier de pintura até julho de 1979, quando sofreu fratura de uma perna, sendo obrigado a permanecer no leito. Morreu a 17 de novembro de 1979.

---

11. Ibid., p. 108.

12. SECHEHAYE, M. *Journal d'une Eschizophrène*. Paris: PUF, 1950.

3
Isaac: paixão e morte de um homem

No capítulo "O espaço subvertido", do livro *Imagens do inconsciente*[1], estudamos o problema das alterações do espaço na esquizofrenia. Agora tentaremos focalizar, por meio da história da vida de Isaac, um outro parâmetro fundamental de orientação e suas alterações: o tempo.

Será impossível o entendimento entre duas pessoas se cada uma delas estiver vivendo em espaço e tempo diferentes. O relacionamento psiquiatra-doente, tão importante terapeuticamente, ficará sem dúvida prejudicado se essa condição não for levada em consideração.

Poucos psiquiatras lembram-se disso, dando-se por satisfeitos em investigar a orientação no mundo externo: "Que dia é hoje?", "Que horas são?", "Que lugar é este?", "Onde você está?" e outras perguntas do mesmo nível.

Esse tipo de orientação corresponde à visão de mundo cartesiana-newtoniana, considerada a única forma de percepção aceita como normal. Entretanto, vivemos entre dois diferentes sistemas de percepção: percepção do mundo externo e percepção do mundo interno. Diz muito bem F. Capra: "Vivenciar uma mistura incoerente de ambas as formas de percepção sem poder integrá-las é psicótico. Mas estar limitado unicamente à forma cartesiana de percepção também é loucura; é a loucura de nossa cultura dominante"[2].

Entretanto, dizer que o doente está orientado ou desorientado no mundo externo terá pouca significação para a relação médico-doente. Faltará ainda muito para que seja penetrada a situação vivida por aquele em seu próprio espaço-tempo interior. Nas histórias de vida por nós estudadas verificamos constantemente ter sido a partir de uma intensa situação afetiva que o fluir do tempo estancou. As ideias, os afetos, que permanecem dominantes durante todo o curso do processo psicótico, derivam sempre das situações que absorviam o indivíduo antes da doença. É como se o tempo parasse. "A mesma velha história é repetida incessantemente num presente atemporal. Para ele os ponteiros do relógio do mundo permanecem estacionados; não há tempo, não há possibilidade do fluir das coisas"[3].

Bleuler, Jung, Minkowski e psiquiatras existencialistas já haviam assinalado esse fenômeno, sem conseguir, porém, comover os profissionais da psiquiatria. Uma visão moderna e precisa desse pro-

---

1. SILVEIRA, N. *Imagens do inconsciente*. Petrópolis: Vozes, 2015.
2. CAPRA, F. *O Ponto de mutação*. São Paulo: Cultrix, 1988, p. 371.
3. JUNG, C.G. *The Collected Works 3*, p. 171.

blema nos é dada por R. Laing: "Estamos socialmente condicionados a considerar a imersão total no espaço e no tempo exteriores como coisa normal e saudável. A imersão no espaço e no tempo interiores tende a ser considerada um afastamento antissocial, um desvio inválido, patológico *per se* e, de certo modo, desabonador.

Respeitamos o viajante, o explorador, o alpinista, o astronauta. Para mim, faz muito mais sentido como projeto – na verdade, projeto de urgência desesperada em nossa época – explorar o espaço e o tempo interiores da mente. Talvez isso seja uma das poucas coisas que ainda fazem sentido em nosso contexto histórico. Estamos tão desligados deste, que muita gente se pergunta a sério se ele existe"[4].

Infelizmente, os registros clínicos dos hospitais psiquiátricos persistem no mesmo velho estilo, sem qualquer tentativa de penetração no espaço e tempo interiores.

Outro chavão arraigado à visão psiquiátrica atual é o do *embotamento afetivo* na esquizofrenia, o que não surpreende, pois a afetividade modifica as vivências de espaço e tempo do doente.

Narraremos a história de Isaac, internado em hospital psiquiátrico tradicional há dezesseis anos quando começou a frequentar a Stor, recém-inaugurada. Seu comportamento nos setores de atividades foi completamente diverso dos registros clínicos feitos no hospital psiquiátrico.

Veremos em Isaac, por meio de atitudes e das imagens pintadas no atelier de nosso serviço, que a afetividade permanece muito viva, fixada a um tema dominante.

Simultaneamente, verificamos que as vivências do tempo acham-se instintivamente interligadas a seus intensos afetos.

Isaac é filho único. Perdeu o pai, rico negociante, aos nove anos. Sua mãe, dona Natália, personagem que será aqui muitas vezes citada, apegou-se exageradamente ao filho, mimando-o e superprotegendo-o. Entretanto, Isaac tentava tornar-se independente. Foi assim que estudou radiotelegrafia e aos dezenove anos ingressou na marinha mercante brasileira, fazendo a linha para a Europa. Nos intervalos entre as viagens namorou uma vizinha, loura e bonita. No início de 1930 voltou da Europa e em setembro casou-se com essa jovem. Três meses após o casamento, rompe com a esposa, acusada de infidelidade. Manifestaram-se imediatamente graves perturbações emocionais, e Isaac foi internado no Hospital da Praia Vermelha em 12 de dezembro de 1930.

Será muito ilustrativo ler alguns trechos da observação clínica de Isaac, escrita pelo psiquiatra responsável pela Seção Calmeil do antigo Hospital da Praia Vermelha, onde ele estava internado.

Dezembro de 1930. Paciente calmo, conversando em tom cordial e manifestando desejo de sair. Não apuramos nenhuma desorientação. Reconhece que não existe entendimento completo com sua mãe; esta, diz ele, acredita facilmente em tudo o que lhe contam. Verificou "diferenças em sua mãe e no ambiente doméstico". Palavras do paciente: "Havia a bordo muitos vapores, quem sabe se por causa de raparigas nasceram as más informações, determinantes possíveis da mudança que aqui veio encontrar".

Dezembro de 1931. Calmo, muito retraído. Às vezes excitado, por se achar internado. Deseja partir do Brasil, preferindo passar algum tempo no estrangeiro.

---

4. LAING, R.D. *A política da experiência.* Petrópolis: Vozes, 1974, p. 93-94.

Um ano depois, em 2 de setembro de 1932, lê-se: *sensível decadência mental*; já não mantém diálogo. Riso inoportuno. Afetividade muito comprometida.

25 de abril de 1933. Estado de alheamento da realidade. Perguntado se deseja sair do hospital, responde sim. "Quero ir para a Espanha, para ver as pequenas." Não manifesta afeto à mãe. Mistura coisas disparatadas em longos monólogos. Orientado no meio e no tempo.

8 de novembro de 1939. Prossegue o abaixamento do nível intelectual. Desorientação completa no tempo e no meio. Inafetividade.

Nesses registros médicos feitos no curso de *nove anos,* não há a menor alusão à problemática afetiva de Isaac, apesar das *dicas* bem nítidas que ele dá em suas respostas aparentemente desconexas.

Muda-se o hospital, da Praia Vermelha para Engenho de Dentro. Isaac vai para o Hospital Gustavo Riedel. As observações médicas continuam no mesmo estilo: "Desorientado no tempo, meio e espaço. Diz que não sabe em que data se encontra, pois não tem folhinha. Responde a nossas perguntas com palavras sem nexo. Não demonstra o menor afeto à sua mãe. A iniciativa está prejudicada em absoluto, tal é a sua incapacidade de se dirigir nas menores necessidades".

Isaac na Stor

Isaac começou a frequentar o atelier de pintura logo após sua instalação, em setembro de 1946.

No atelier, segundo os relatórios da monitora, Isaac mostra "interesse contínuo pela atividade". É o primeiro a chegar e procura logo o material para iniciar seus trabalhos. Eis alguns trechos de relatórios da monitora do atelier:

21 de fevereiro de 1957. Interessado como sempre, pinta com prazer estampado em seu rosto, principalmente se for tela e com óleo.

6 de junho de 1961. Interesse contínuo pela atividade. Tem trabalhado com maior desenvoltura.

10 de janeiro de 1962. Trabalha com grande entusiasmo. Tem pintado lindas paisagens, depois de passeios ao Corcovado, Copacabana, Alto da Boa Vista (passeios promovidos pela Stor em ônibus do centro psiquiátrico).

17 de maio de 1962. Grande interesse pela atividade. Sua pintura está mais rica em cores e detalhes. Paisagens, com preferência pelo lilás e seus matizes.

20 de agosto de 1964. Trabalhos rápidos. Belas composições de cores. Abstratos.

5 de novembro de 1964. Pintando pouco e, de preferência, abstratos. Sua mãe tem vindo ao atelier e procura interferir em seu trabalho. Isaac fica muito irritado.

25 de setembro de 1965. Não quer trabalhar com guache ou lápis. Faz questão do óleo, de tela, ou cartolina branca.

Relacionamento excelente com as monitoras. Gosta de lhes contar histórias fabulosas. Colabora com elas quando lhe pedem para fazer convites e cartazes para as festas da Stor. As monitoras contam pequenas anedotas. Por exemplo, quando a monitora Maria do Carmo voltou das férias, Isaac, muito alegre, disse: "Onde você andou? Pensei que estivesse internada no hospício" *(7 de janeiro de 1963).*

Após a morte do marido, dona Natália não conseguiu administrar os bens herdados e foi vendendo aos poucos suas propriedades. Uma vez que Isaac estava internado, ela ficou sozinha. E em completa ruína. Conseguiu da direção do hospital licença para permanecer residindo ali ao lado do filho.

Série de imagens pintadas no atelier da Stor

A primeira surpresa que a pintura de Isaac nos traz é a flagrante diferença entre sua linguagem verbal e sua linguagem plástica. Ele raramente constrói proposições – sua linguagem é agramatical e cheia de neologismos. Entretanto, por meio da linguagem plástica narra uma história diretamente compreensível e concatenada, que jamais verbalizaria. Não é frequente que isso ocorra na pintura de psicóticos – indicação, no caso de Isaac, de que a cisão psíquica não era muito profunda.

– Recordação de infância. O mar fascina o menino; com sua luneta ele tenta alcançar o horizonte distante (fig. 1). Mais tarde escolheu a profissão de radiotelegrafista da marinha mercante (Lloyd Brasileiro) e fez várias viagens nas rotas internacionais (fig. 2).

– Ficou noivo de uma vizinha, loura e bonita. Enquanto viajava, imaginava-a fielmente pensando nele, olhando um navio dentro de uma bola de cristal (fig. 3).

Figura 1
*Isaac Liberato, sem data,
óleo, grafite e guache sobre papel,
29,1 x 41,7 cm , [T4799]*

Figura 2
*Isaac Liberato, 1948,
guache sobre papel,
32,9 x 43,8 cm, [T6057]*

Figura 3
*Isaac Liberato, 1947,
guache e grafite sobre papel,
29,8 x 40,5 cm, [T6056]*

De volta de demorada viagem à Europa, casou-se com esta vizinha. Mas logo começaram as intrigas. Contaram-lhe que quando ele estava ausente sua noiva namorava muito e mantivera mesmo relações íntimas com certo rapaz, também da vizinhança. A mãe de Isaac dava apoio às maledicências e as incrementava. Essa revelação foi uma catástrofe para Isaac. Emoções violentas desordenaram sua vida psíquica. E, três meses depois do casamento, a 12 de dezembro de 1930, Isaac foi internado no Hospital da Praia Vermelha.

– Nesta tela, ele reconstrói a cena da ruptura (fig. 4). A pintura foi feita dezesseis anos depois do acontecido, logo que Isaac teve a possibilidade de pintar no atelier da Stor. Inicialmente, a mulher deitada estava nua. Depois o corpo aparece coberto por uma manta azul. Ele, de costas, sentado, com a face refletida num espelho. Teria vergonha de encarar vizinhos e conhecidos. A ruptura definitiva se impunha.

– A esposa é expulsa de casa (fig. 5).

Figura 4
*Isaac Liberato, [1947],
guache e grafite sobre papel,
31,2 x 39,5 cm, [T996]*

Figura 5
*Isaac Liberato, sem data,
guache sobre papel,
31,1 x 41,7 cm, [T6044]*

– "Era o destino. Tudo estava escrito no *livro da vida*" (Isaac diz ao monitor do atelier de pintura). Na capa, a figura da mulher (fig. 6).

– Ainda o *livro da vida* (fig. 7). A figura da mulher destaca-se em relevo. O homem transforma-se em estátua. Petrifica-se – a situação afetiva torna-se demasiado intensa, a ponto de o indivíduo petrificar-se.

Figura 6
Isaac Liberato, 1947, guache, óleo e tinta de esferográfica sobre papel, 22 x 32,7 cm, [T6043]

Figura 7
Isaac Liberato, 1946, óleo e guache sobre papel, 22,7 x 31,4 cm, [T6060]

– Ele tenta apagar a lembrança da mulher (fig. 8). Pode-se perceber a emoção com que foram lançados os traços que recobrem a face da mulher.

– Confronto com a mulher (fig. 9). Será preferível confrontá-la, ler em seus olhos a verdade, descobrir sentimentos ocultos, talvez o sincero desejo de voltar.

Figura 8
Isaac Liberato, sem data, guache e óleo sobre papel, 33,3 x 24 cm, [T6041]

Figura 9
Isaac Liberato, 1949, guache e óleo sobre papel, 31,8 x 44,3 cm, [T6038]

– Arrependida, ela pede perdão (fig. 10).

Essas fantasias não podem realizar-se no plano do real. Abrem-se então largamente as portas do delírio, para compensá-lo de tudo quanto vivenciou como humilhação. Isaac agora é um *príncipe*.

– Ele é príncipe coroado. A mulher, uma plebeia (fig. 11).

– Mas ele pode elevá-la à condição de princesa. Ambos estão coroados (fig. 12).

– Ela, coroada, de joelhos (fig. 13). Ele, príncipe, tem nas mãos um ramo de flores. Num quadro (ou espelho) vê-se um gato.

– A mulher coroada está voltada para um gato de expressão fisionômica melévola, que, nesse contexto, simboliza aspectos perigosos do princípio feminino. À direita, um camelo, paciente animal de carga, com quem Isaac, provavelmente, se identifica (fig. 14).

Figura 10
Isaac Liberato, sem data, guache e óleo sobre papel, 23,2 x 31,5 cm, [T6037-A]

Figura 11
Isaac Liberato, 1947, guache e óleo sobre papel, 29,8 x 41 cm, [T6036]

Figura 12
Isaac Liberato, 1947, guache e óleo sobre papel, 32 x 43,3 cm, [T6035]

Figura 13
*Isaac Liberato, sem data,
óleo, guache e grafite sobre papel,
31,3 x 43,6 cm, [T6033]*

Figura 14
*Isaac Liberato, 1949,
guache e óleo sobre papel,
23,5 x 32,7 cm, [T8066]*

Depois de pintar centenas de imagens desse gênero (aqui apresentamos apenas uma seleção das mais marcantes), esgota-se a *fase narrativa*. Agora, a energia psíquica que se achava estagnada, aderida à história pessoal, poderá mover-se, fluir, seguindo uma linha definida, embora inconsciente, que o levará a dar forma a imagens simbólicas.

As imagens simbólicas que vão aparecer permitem a leitura, em nível mais profundo, da problemática de Isaac. Dão a chave que explica por que ele não conseguiu superar a crise passional. Funcionando principalmente como transformadores da energia psíquica, esses símbolos permitirão que Isaac, mesmo habitando um hospital psiquiátrico, alcance níveis mais altos de desenvolvimento.

Dona Natália é personagem da maior importância na vida trágica desse homem. Ela conseguiu vir residir no hospital psiquiátrico para ficar junto do filho. Sua dedicação era comovedora. Dona Natália tornou-se o receptáculo de projeções do arquétipo-mãe de todo o hospital. Quando completou oitenta anos, o diretor do Centro Psiquiátrico Pedro II promoveu uma homenagem em sua honra, com discurso e flores.

O desenho de um outro internado apreende lucidamente a situação de Isaac: o laço que o prende a sua mãe, sua dependência infantil (fig. 15).

Vejamos como o próprio Isaac representa em imagens o relacionamento com a mãe. Representa-o por meio do simbolismo da árvore. Sem dúvida, um dos mais característicos aspectos do simbo-

Figura 15
*Heitor Rico, 1963,
lápis cera sobre papel,
35,3 x 48,7 cm, [T5933]*

lismo da árvore é a representação do materno. A árvore é protetora e nutridora, mas poderá também sufocar o desenvolvimento de outras plantas. E encarnando os aspectos negativos da imagem materna que a árvore se apresenta, de início, na pintura de Isaac.

– "Duas árvores inimigas; uma não deixa a outra crescer" (fig. 16). Estas são palavras do autor da tela, mais eloquentes que qualquer comentário.

Lembremos o jovem Átis, filho amante da deusa Cibele, que se castrou sob um pinheiro, enlouquecido por sua mãe, ciumenta e possessiva.

Figura 16
Isaac Liberato, 1954,
óleo sobre tela,
41 x 33 cm, [T995]

Figura 17
*Isaac Liberato,
1957,
guache e óleo
sobre papel,
32,1 x 47,5 cm,
[T5925]*

– A árvore-mãe ergue-se firme, demarcando no espaço um lado claro e um lado escuro. A árvore-filha está vergada (fig. 17).

– Arvore-mãe queimada (fig. 18). Num ato libertador, ele mate a árvore-mãe, queimando-a. Mas a árvore-filha também é, em parte, atingida pelo fogo. Na vida real, várias vezes Isaac irritou-se

Figura 18
*Isaac Liberato,
1962,
guache e óleo
sobre papel,
31,8 x 46,7 cm,
[T5926]*

contra a mãe e tentou mesmo agredi-la quando ela o importunava demasiado. Chegamos mesmo a proibir sua entrada no atelier de pintura.

Figura 19
*Isaac Liberato, 1960,
óleo sobre papel,
32,1x 48 cm, [T6029]*

– Duas árvores com as copas unidas (fig. 19). Os sentimentos do filho são ambivalentes. Ele não consegue desprender a libido da imagem da mãe.

– Duas árvores unidas em situação perigosa, num íngreme declive sobre o abismo, uma apoiando, sustentando, a outra (fig. 20). É difícil estar só. A pintura é um espelho da situação de Isaac.

Figura 20
*Isaac Liberato, 1962,
óleo sobre tela,
65 x 54 cm, [T444]*

– Árvore isolada, face a um grupo de árvores (fig. 21). O grupo de árvores (bosque, floresta) representa o inconsciente, isto é, a mãe. E a árvore isolada, no contexto da vida de Isaac, parece representar seus impulsos para afirmar-se como indivíduo. Todo ser tende a desenvolver suas potencialidades e tornar-se ele mesmo. A árvore, em seu processo vital de desenvolvimento, é um apropriado símbolo do *processo psíquico de individuação* em estado virtual, não ainda na fase de realização consciente.

– A árvore isolada azul (fig. 22) exprime tendências que visam transpor a esfera dos processos biológicos.

Figura 21
*Isaac Liberato, 1962, guache e óleo sobre papel,
32,8 x 48 cm, [T6050]*

Figura 22
*Isaac Liberato, 1964, óleo sobre papel,
23,3 x 32,6 cm, [T5924]*

Mostramos algumas árvores dentre as 327 pintadas por Isaac. No total de 3.144 pinturas desse autor, 327 são árvores (10%).

Paralelamente às árvores, aparecem imagens circulares (fig. 23), símbolos do núcleo central e ordenador da psique (*self*).

– Vaso com flor, no interior de um círculo (fig. 24), indica que sentimentos conflitivos estão sendo reunidos. O vaso recolhe, junta, o que está disperso, mas está inclinado, ainda em busca de equilíbrio. O círculo protege-o.

Figura 23
Isaac Liberato, 1965, guache sobre papel, 31,4 x 45,5 cm, [T6048]

Figura 24
Isaac Liberato, 1958, óleo sobre papel, 33,3 x 48,1 cm, [T6010]

– Diamante irradiando energia, um dos mais universais símbolos do centro ordenador (*self*), numa imagem extraordinariamente dinâmica (fig. 25).

Figura 25
*Isaac Liberato, 1959,
óleo sobre papel,
33 x 48 cm, [T6011]*

As árvores que simbolizam esforços instintivos para a individuação, bem como as imagens circulares ordenadoras, indicam possibilidades de reestruturação da personalidade em novas bases. Entretanto, tratado como se fosse uma criança, cercado de cuidados pela mãe, que não lhe dava oportunidade para qualquer iniciativa, vivendo em condições ambientais e sociais desfavoráveis, Isaac não conseguiu atender aos apelos de independência vindos do seu si-mesmo (*self*), que talvez lhe permitissem retomar seu lugar no mundo real. As forças instintivas autocurativas tomaram então outro rumo.

As imagens apresentadas a seguir, se examinadas do ponto de vista da psicologia freudiana, provavelmente seriam interpretadas como expressões do fenômeno de sublimação. Como se sabe, segundo Freud, ocorre sublimação quando a libido abandona o objeto sexualmente desejado para dirigir-se a uma outra meta, não sexual, encontrando satisfação em atividades não sexuais e socialmente valorizadas. A atividade artística seria uma das principais formas de sublimação.

Sob a perspectiva da psicologia junguiana a libido dificilmente troca de meta *se não se transforma*. É aí que tomam lugar as imagens simbólicas, cuja função é promover transformações da libido. Jung compara os símbolos a dínamos que transformam uma modalidade de energia psíquica em outra (à semelhança do que acontece na física, quando, por exemplo, o dínamo transforma energia mecânica em energia elétrica). Dando forma às imagens simbólicas transformadoras de energia, originárias do processo que se desdobrava no inconsciente, Isaac galgou um nível mais alto, onde era possível viver uma outra qualidade de existência. Ultrapassou o nível dos conflitos entre intensos afetos e repressores conceitos de honra e, simultaneamente, as correspondentes tentativas compensadoras de solução delirante. Com efeito, o tema delirante desaparece por completo.

Surgem surpreendentes pinturas com qualidades plásticas muito diferentes das pinturas das primeiras fases. Agora a palavra *arte* terá justa aplicação.

Aparecem paisagens glaciais, fantásticas (fig. 26), e também pinturas de colorido vibrante, tendendo para a abstração, onde se vê Isaac procurando reter os reflexos mutáveis da luz e descobrir as nuances das cores (figs. 27 e 28).

Figura 26
Isaac Liberato, 1958,
óleo sobre papel,
30,6 x 47,8 cm, [T6019]

Figura 27
Isaac Liberato, 1962,
guache sobre cartão,
33,1 x 48,4 cm, [T9098]

Figura 28
Isaac Liberato, 1962,
guache sobre papel,
33,3 x 47,7 cm, [T9097]

Intercalada aos novos temas abordados por Isaac, está constantemente presente a imagem da mulher. Não se verá mais a mulher traidora, arrependida ou elevada à categoria de realeza, portando coroa e ricos adornos. Numa longa sequência de pinturas aparece unicamente a mulher, fora de qualquer contexto, como se ele tentasse, por meio do estudo das diferentes expressões das imagens, o conhecimento e aprofundamento do enigmático ser feminino (figs. 29, 30, 31). Esse ser que é a um só tempo a mulher amada e a mulher interior, componente intrínseco dele mesmo, encarnação do princípio feminino existente em todo homem (*anima*).

Figura 29
*Isaac Liberato, 1964,
óleo sobre tela,
50 x 61 cm, [T390]*

Figura 30
*Isaac Liberato, 1956,
óleo sobre tela,
61 x 50 cm, [T392]*

Figura 31
*Isaac Liberato, 1962,
óleo sobre tela,
61 x 50 cm, [T393]*

– Navio naufragando (pintura do dia 23 de junho de 1966). Cores sombrias (fig. 32).

Figura 32
*Isaac Liberato, 1966,
óleo sobre papel,
37,1 x 55,3 cm, [T6016]*

– Avião decolando (fig. 33), cores claras e luminosas (pintura do dia 5 de julho de 1966).

Figura 33
*Isaac Liberato, 1966,
óleo sobre papel,
36,8 x 55,3 cm, [T6015]*

Seguem-se três pinturas do dia 6 de julho de 1966. Isaac chegou ao atelier, como de costume, por volta das 8:30h. Na primeira pintura daquele dia veem-se elementos partidos, em desorganização. Executada muito rapidamente, é a única pintura de Isaac com essas características (fig. 34).

Figura 34
*Isaac Liberato, 1966,
óleo sobre papel,
36,8 x 55,4 cm, [T6014]*

A seguir, pintou um estranho cone, vermelho e roxo, que desce num declive (fig. 35).

Figura 35
*Isaac Liberato, 1966,
óleo sobre cartão,
26,5 x 35,8 cm, [T6013]*

Imediatamente depois, imagem de mulher, pintura inacabada (fig. 36).

Isaac morre com o pincel na mão, às 10h, vítima de enfarte do miocárdio.

Figura 36
*Isaac Liberato, 1966,
óleo sobre papel,
36,9 x 27,5 cm, [T6012]*

Poder-se-ia perguntar se as duas primeiras pinturas do dia 6 de julho estariam refletindo em imagens sensações corporais correspondentes aos pródromos do enfarte. É uma interrogação.

A terceira pintura é a volta da imagem da mulher ainda e sempre amada, que se configura na intensidade da última visão. E a face contraída da mulher exprime a grande dor que Isaac estava decerto sentindo naquele exato e último momento.

4
Emygdio: um caminho para o infinito

Emygdio nasceu em 1895. É o filho mais velho. Tem um só irmão. Sua mãe sofria de distúrbios mentais; os filhos não a recordam senão isolada num quarto, excluída da vida familiar. Cresceram sob a influência direta do pai, homem áspero e extremamente autoritário. Emygdio foi uma criança triste e tímida. Desde a infância revelou habilidade manual fora do comum, construindo com velhas caixas e pedaços de madeira brinquedos que surpreendiam a todos.

Emygdio em 1984, no Museu de Imagens do Inconsciente, aos 89 anos.
Fotografia: Luis Carlos Saldanha

Na escola primária e no curso secundário foi sempre o primeiro da classe. Fez o curso profissional de torneiro mecânico, obtendo excelentes notas. Submeteu-se a uma prova de habilitação e ingressou no Arsenal de Marinha como torneiro mecânico. Tímido e sem iniciativa, Emygdio parecia conformar-se na situação de operário, bastante aquém de suas possibilidades. Essa atitude em face da vida era motivo de azedas recriminações por parte do pai, que fazia constantes comparações entre Emygdio e o irmão, muito mais decidido e empreendedor. Entretanto, Emygdio fazia-se notar no

Arsenal de Marinha pela qualidade de seu trabalho. Assim, em 1922 foi escolhido para fazer estágio de aperfeiçoamento em oficinas da Marinha Francesa. Permaneceu na França durante dois anos.

Logo após sua volta ao Brasil manifestaram-se alterações em seu comportamento.

Implicava particularmente com o irmão. Dizia que este, como Jacó, se apoderara de seus direitos de primogenitura sem que ele lhe houvesse vendido nenhum prato de lentilhas. Muitas vezes, em momentos de irritação, Emygdio costumava dizer ao irmão que ele lhe havia roubado tudo, inclusive o leite materno, pois a diferença de idade entre ambos era apenas de onze meses.

Aconteceu também que a moça, objeto de seu primeiro amor, casou-se com o irmão, já bem colocado em posto de professor secundário.

Deixou de frequentar o emprego, passando a andar pelas ruas, sem destino, até tarde da noite, ou a entrar nas igrejas, onde ficava horas inteiras de pé, imóvel, olhos fixos.

Em junho de 1924 foi internado no velho Hospital da Praia Vermelha.

Registra a folha de observação da época que o paciente protesta, muito excitado, contra a internação. Considera-se vítima de uma arbitrariedade e de perseguições. Dialoga violentamente com as vozes de suas alucinações auditivas. Fala, porém, ao médico de modo polido, respondendo com precisão às perguntas. Dentro de pouco tempo abranda-se a agitação. Procura isolar-se de todos.

No início de 1944, com a desativação do Hospital da Praia Vermelha, foi transferido para o novo Hospital Gustavo Riedel, em Engenho de Dentro.

Com o correr dos anos, sua atitude torna-se de humilde aceitação da vida hospitalar. Ajuda na enfermaria em atividades de tipo doméstico, obedecendo sempre às ordens de enfermeiros e guardas. Verificou-se posteriormente que, muitas vezes, fazia trabalhos superiores às suas forças, como levar sobre a cabeça enormes trouxas de roupa suja para a lavanderia.

Em 1945, sua observação clínica registra: alterações no curso do pensamento, enquanto a memória permanece intacta. Durante a conversa com o médico, emociona-se, torce os dedos e olha em torno de si desconfiadamente. Diz que está passando bem, embora seu aspecto contradiga tal afirmação. Está magro e pálido.

Em fevereiro de 1947, Emygdio começa a frequentar a Seção de Terapêutica Ocupacional, trazido pelo monitor Hernani Loback, da oficina de encadernação, que disse haver "notado no canto do olho de Emygdio" o desejo de o acompanhar, quando ia buscar no pátio outros internos. O psiquiatra que cuidava de Emygdio disse-me que não valeria a pena encaminhá-lo para qualquer atividade, pois já estava internado havia vinte e três anos. Um crônico, muito deteriorado... Entretanto, aprendeu depressa a complexa técnica do ofício de encadernador e realizava com atento cuidado seu trabalho, contradizendo as observações registradas no hospital.

Mas sempre se esquivava às comunicações interpessoais. Espontaneamente, não se dirigia a ninguém. Quando solicitado, respondia em termos breves e logo se fechava em seu silêncio. A fim de tentar promover expressões da afetividade nesse indivíduo tão hermético, nós lhe propusemos que experimentasse pintar. Emygdio aceitou com satisfação nossa proposta. Desde o início observamos que ele pintava lentamente, ao contrário da maioria dos frequentadores do atelier, que se entregavam aos impulsos impetuosos do inconsciente. Seus gestos eram leves e delicados. Detinha-se muitas vezes para retocar esta ou aquela imagem, colocando-se imóvel, meditativo, diante da tela. Modificava frequentemente a pintura, fazendo-a passar por várias fases e só dando-a por terminada alguns dias depois de tê-la iniciado.

Suas primeiras pinturas foram paisagens (fig. 1). Diz que são reminiscências de lugares que conheceu. Nessas paisagens não se descobrem os fenômenos de dissociação, frequentes na esquizofrenia. Ao contrário, as pinturas de Emygdio, com vinte e três anos de internação, apresentam-se surpreendentemente ordenadas. Parecia que os fenômenos de dissociação, suficientes para provocar as fissuras do pensamento lógico que sua linguagem verbal revelava, não haviam, contudo, atingido sua capacidade de configurar imagens.

Figura 1
*Emygdio de Barros, sem data,
óleo sobre cartão,
33 x 50 cm, [T942]*

Nesse período inicial a linguagem plástica não revelava a atividade de imagens interiores invasoras do campo da consciência. Suas pinturas evocavam lembranças de locais agradáveis onde viveu. Entretanto, dura pouco esse primeiro período. Um mês depois ocorre verdadeira explosão do inconsciente.

Toda a obra de Emygdio revela a luta do consciente contra as avassaladoras forças do inconsciente. Ora predomina a estruturação regida pelo consciente, ora a liberação de conteúdos do inconsciente, ou a mescla desses dois sistemas de percepção, onde espaço externo e espaço interno se interpenetram (figs. 2 e 3).

Figura 2
Emygdio de Barros, sem data,
óleo sobre papel,
33 x 47,8 cm, [T7156]

Figura 3
Emygdio de Barros, sem data,
óleo sobre papel,
33 x 50 cm, [T9100]

O ponto mais alto desta última fase é o quadro *Universal* (fig. 4), segundo seu autor o denominou. Nessa pintura, Emygdio consegue criar uma estrutura unitária com elementos os mais diversos, objetos que não mantêm entre si relações habituais. Uma escada conduz a um intrincamento de casas superpostas em dois planos, entre os quais um trem se distingue. No plano superior destaca-se uma torre de igreja, com a cruz e um grande sol multicolorido.

Figura 4
Emygdio de Barros, 1948,
óleo sobre tela,
104,5 x 108,5 cm, [T928]

A seguir, surgem pinturas onde as imagens interiores assumem total predomínio. Essas telas revelam dramas interiores desempenhados por estranhos personagens. Destacamos nessa série a tela denominada pelo *autor Ilíada* (fig. 5), e outra que denominou *Carnaval* (fig. 6), onde a principal figura é a imagem da mulher, da *anima*, retratada em muitas de suas incontáveis faces, ora misteriosamente mascarada, ora aureolada de luz como uma divindade. A presença dessas imagens enigmáticas emergindo numa diversidade de formas e de cores faz dessas telas cenas de sonho.

Figura 6
Emygdio de Barros, [1948],
óleo sobre tela,
67,8 x 55 cm, [T935]

Figura 5
Emygdio de Barros, 1948,
óleo sobre tela,
100 x 96 cm, [T931]

75

Agora Emygdio entrega-se à construção de *Ephraim,* segundo suas palavras (fig. 7). Mas o palácio ou templo que ele ergue sugere cultos pagãos, e não um local sagrado israelita. No alto da primeira coluna do peristilo está instalada uma chaleira, típico símbolo fálico.

A letra *"E"* que encima a chaleira representaria a inicial de Ephraim ou do prenome do autor. Talvez a primeira letra do nome pelo qual o ego consciente se conhece funcione como elemento de controle, reforçado pelo algarismo "1", que aparece ao lado da chaleira. A unidade contra a fragmentação.

Mais três colunas têm também conexão fálica. Entre elas, faces estranhas espiam através de cerrado gradeamento que as detém ao fundo. Essas colunas sustentam a construção de Ephraim, dando-lhe firmeza, permitindo a Emygdio reunir elementos heterogêneos, oriundos de camadas psíquicas distantes, em arquitetura tão sólida.

Surge agora uma paisagem fantástica que o autor denominou *Um castelo à beira-mar* (fig. 8), tela misteriosa em seus belos azuis.

Tem início outra fase na pintura de Emygdio (cf. *Imagens do Inconsciente,* p. 38). A janela do atelier de pintura abre-se sobre o jardim do hospital. Lá estão as árvores bem conhecidas de todos nós, que ele se alegrou em criar de novo e colorir de acordo com os reflexos de luz que ia descobrindo. Um homem repousa sentado num banco, outro caminha – uma cena do dia a dia do jardim do hospital. Mas, do lado de dentro, no contorno interno da janela, justapõem-se cerradamente imagens simbólicas e faces estranhas nas quais se pode sentir a efervescência do mundo interior.

O mundo externo e o mundo interno estão presentes, porém, delimitados.

Jardim do hospital, onde mais uma vez mundo externo e mundo interno se defrontam (fig. 9).

Figura 7
*Emygdio de Barros,
1949,
óleo sobre tela,
70,3 x 98, [T930]*

Figura 8
Emygdio de Barros, década de 1940, óleo sobre tela colada em aglomerado, 37,9 x 45,8 cm, [T940]

Figura 9
Emygdio de Barros, 1964, óleo sobre papel, 54,5 x 68,5 cm, [T945]

Mais uma visão do mesmo jardim, na qual recuaram as imagens do mundo interno (fig. 10).

Aquele jardim que ele atravessou de olhos meio cerrados mil vezes de repente crepita inundado de luz e fascina-o a ponto de ser escolhido para modelo.

Figura 10
*Emygdio de Barros,
1948,
óleo sobre tela,
65 x 92 cm, [T933]*

Essas pinturas permitem acompanhar a intervenção maior ou menor dos conteúdos do inconsciente sobre o campo do consciente.

Nesse mesmo período costumávamos organizar passeios em ônibus do serviço. Os frequentadores do atelier levavam cavaletes, telas, tintas e pincéis. Num desses passeios à Floresta da Tijuca, Emygdio desenhou a *Capela Mayrink* (fig. 11). Esse desenho significa um marco importante, sendo a primeira representação da realidade externa imediata feita fora do hospital.

Figura 11
*Emygdio de Barros, sem data,
nanquim sobre papel,
66 x 47,9 cm, [T9099]*

Noutro desses passeios, dessa vez à Gávea, inspira-se para uma tela que não se subordina às restrições da realidade espacial nem ao tempo (fig. 12). É assim que pinta, no primeiro plano, as flores que o deslumbraram. No segundo plano estão roupas secando ao sol, estendidas sobre arames e balançadas pelo vento, tal como ele gostava de olhá-las deitado na relva, quando passava as férias no campo, ainda adolescente. Mais ao fundo esboça-se inesperadamente a Torre Eiffel, em cujo perfil apenas delineado vieram reunir-se "recordações e saudades de sua viagem à Europa, em 1922". À maneira de Elstir, o pintor de quem nos fala Proust, Emygdio também compõe quadros com parcelas de realidade que haviam sido pessoalmente vivenciadas numa obra unitária. O Teatro Municipal do Rio de Janeiro é recriado por Emygdio em visão interior (fig. 13).

Figura 12
*Emygdio de Barros, 1949,
óleo sobre tela,
72,8 x 91,8 cm, [T929]*

Figura 13
*Emygdio de Barros, 1949,
óleo sobre tela,
70 x 100,5 cm, [T926]*

Ao se aproximar o Natal de 1948, a assistente social Zoraide Souza perguntou aos frequentadores de nosso serviço o que cada um desejaria receber como presente de festas. A resposta de Emygdio causou grande surpresa. Ele queria um guarda-chuva (fig. 14). Que utilidade poderia ter um guarda-chuva para aquele indivíduo que residia havia vinte e três anos no hospital? Seria um trambolho inútil, quando ele precisava de tantas outras coisas de uso imediato. Senti, porém, que despontavam em Emygdio o desejo e a esperança de um reencontro com a vida exterior. Ele queria desde logo se munir de um instrumento de defesa contra o mundo que se estendia além das fronteiras do hospital, mundo que ele imaginava inevitavelmente hostil. Desprezando as ponderações de ordem prática, fomos ao encontro das frágeis aspirações de Emygdio e lhe oferecemos o guarda-chuva no dia de Natal. Ele o recebeu emocionadíssimo, como se lhe tivéssemos entregue uma arma de combate.

Figura 14
*Emygdio de Barros, 1970,
óleo sobre papel,
33,3 x 48,5 cm, [T1861]*

Nesse período, Emygdio escreveu cartas reivindicando sua volta ao trabalho de torneiro mecânico que havia exercido no Arsenal de Marinha.

E na sua pintura surge uma oficina com as máquinas coerentemente instaladas, dentro do rigor que o tema requer (fig. 15). As cores vermelho e rosa, que seriam pouco reais objetivamente, revelam o intenso estado emocional despertado pelo desejo de voltar à sua profissão.

Nessa ocasião, quando a pintora Djanira, em visita ao serviço, elogiou o equilíbrio dessa tela, Emygdio respondeu: "Não sou pintor, sou um operário".

Foram feitas então tentativas, segundo era seu desejo, de readaptá-lo ao trabalho de torneiro mecânico na oficina da Central do Brasil, em Engenho de Dentro. Fracassaram. No decorrer dos últimos vinte e cinco anos, a técnica de seu ofício havia evoluído muito. Ele não conseguia domínio sobre os novos instrumentos de trabalho e se recusou a continuar frequentando a oficina (fig. 16).

Figura 15
*Emygdio de Barros, 1949,
óleo sobre madeira,
38,5 x 46 cm, [T950]*

Figura 16
*Emygdio de Barros, 1968,
óleo sobre papel,
31,9 x 48,8 cm, [T1797]*

Apesar disso, em janeiro de 1950, Emygdio sai do hospital, onde havia permanecido vinte e cinco anos. Vai residir com pessoas de sua família um lugarejo do interior, nas montanhas de Teresópolis. Adapta-se bem à vida familiar, executando pequenas atividades domésticas: fazer compras, apanhar água na fonte para o filtro, varrer a varanda e a calçada, trabalhos que tomou como obrigação, realizando-os diariamente. É aceito pelos moradores do lugarejo.

Frequentemente era visitado por Almir Mavignier, Mário Pedrosa e amigos, que lhe levavam incentivo e material de pintura.

Suas pinturas desse período são de alta qualidade artística, principalmente paisagens (fig. 17). Pinta também interiores e abstratos.

Figura 17
*Emygdio de Barros, 1957,
óleo sobre tela,
46 x 54,5 cm, [T951]*

Em novembro de 1951, Almir viajou para a Europa. Cessaram as visitas que tanto estimulavam Emygdio. Aos poucos ele perde o interesse pela pintura.

Depois de muitos anos de alta, residindo com parentes, onde encontrou apoio e afeto, primeiro em Teresópolis, depois em Paraíba do Sul, Emygdio viu este lar desmoronar devido à morte do chefe da família.

Quis então o destino que Emygdio viesse morar com o irmão, no Rio de Janeiro.

A convivência na casa do irmão tornou-se insustentável. Foi reinternado em 1965. Depois de residir durante quinze anos fora das tenazes do hospital psiquiátrico, Emygdio cai novamente no tumulto anônimo das enfermarias. Teve, apesar disso, a oportunidade de voltar ao seu atelier. E Emygdio vai exprimir, seja de forma figurativa ou abstrata, o núcleo de sua problemática emocional.

Essa problemática encontra paralelo no tema mítico dos dois irmãos inimigos, como Osíris e Set no Egito, Caim e Abel, Esaú e Jacó na Bíblia.

Anteriormente vimos que Emygdio costumava dizer que o irmão lhe havia roubado tudo, e ainda mais a mulher que ele amava. Em desenho, retrata os três personagens do drama: ela, com a flor na mão, escolherá o eleito (fig. 18).

Noutra pintura, representa a dissolução da família com quem habitara fora do hospital. Chama essa casa em ruínas de *Minha casa na Paraíba do Sul* (fig. 19).

Figura 18
Emygdio de Barros, 1966, lápis cera sobre papel, 21,8 x 31,8 cm, [T2108-A]

Figura 19
Emygdio de Barros, 1970, óleo sobre papel, 33,3 x 48,1 cm, [T1902]

A seguir retrata bem a situação em que se encontrava na casa do irmão. À mesa de jantar veem-se o casal e seu filho. À esquerda, excluído do grupo, ele, sentado no chão, de costas. A tela é toda em tons cinza, revelando seus sentimentos de profunda tristeza e solidão (fig. 20).

Outras pinturas refletem a mesma situação. De um lado o casal, com o filho ou não, e ele, Emygdio, sempre afastado do grupo. Essa temática repete-se de várias formas: seja figurativa ou abstrata, revelando a intensidade do drama vivido por ele (fig. 21).

Figura 20
Emygdio de Barros, 1967, óleo sobre tela, 47 x 70 cm, [T958]

Figura 21
Emygdio de Barros, 1973, óleo sobre papel, 36,8 x 55,4 cm, [T2283]

A situação afetiva é tão intensa e geradora de angústia que o indivíduo nem sempre consegue exprimi-la figurando os personagens em jogo. Num procedimento defensivo, recorre à abstração para exprimir a mesma problemática (fig. 22).

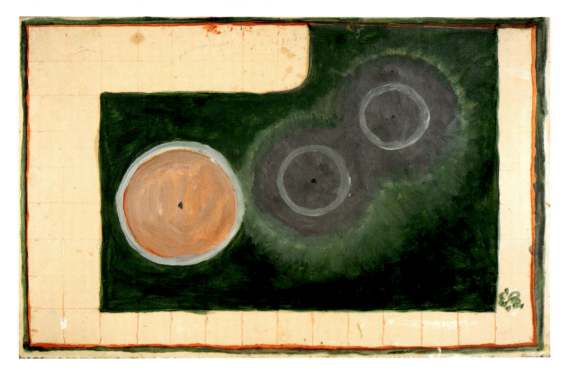

Figura 22
Emygdio de Barros, 1972, óleo e lápis cera sobre papel, 36,8 x 55,4 cm, [T2257]

Certamente a linguagem abstrata presta-se a dar forma a segredos pessoais, satisfazendo uma necessidade de expressão sem que os outros os devassem. Figuras e formas abstratas intercalam-se na obra do autor (fig. 23).

Figura 23
Emygdio de Barros, 1973, óleo e lápis cera sobre papel, 36,5 x 55,4 cm, [T2274]

Nas camadas mais superficiais do inconsciente fervem emoções sufocadas, desejos, conflitos reprimidos. E em seus estratos mais profundos existem disposições funcionais herdadas, inerentes à própria estrutura psíquica. É assim que Emygdio pinta um homem crucificado numa roda de fogo, tal como no mito de Íxion, selvagem deus solar, condenado a esse castigo por haver desejado a esposa de Zeus, seu benfeitor. A imagem da punição de Íxion teria sido constelada da profundeza do inconsciente como paralela à situação pessoal de Emygdio, amante imaginário da esposa do irmão que o acolhera em situação adversa. O sentimento de culpa exigiu castigo[1].

Em *Imagens do Inconsciente* apresentamos uma série de imagens que retratam o atelier de pintura. Pode-se, por meio delas, acompanhar a dialética mundo externo/mundo interno, tão característica da expressão plástica de Emygdio. Relembremos Bleuler: "Ambos os mundos são uma realidade para os esquizofrênicos: os casos menos graves movem-se mais na realidade externa, enquanto os casos mais graves não podem retornar do mundo dos sonhos"[2].

Na condição psicótica, os dois mundos muitas vezes se mesclam, espaço externo e espaço interno se interpenetram. A expressão plástica torna visível esse fenômeno psicológico[3].

Na obra de Emygdio pode-se ver como as solicitações do mundo externo têm uma poderosa influência sobre ele. Sua pintura ao ar livre, em meio à natureza, aproxima-se da realidade, influenciada por sentimentos subjetivos, mas sem que interfiram de forma perturbadora conteúdos do inconsciente.

De outra parte, verifica-se que no ambiente mais limitado do atelier reativam-se as imagens do inconsciente e crescem em intensidade suas emoções, sem prejudicar a qualidade de sua expressão plástica.

Suas pinturas ao ar livre, sejam feitas em passeios fora do hospital ou num pequeno morro situado em terreno do próprio Centro Psiquiátrico, revelam, não uma cópia de elementos do mundo externo, porém algo mais que só os gênios alcançam. Esse fenômeno manifesta-se sobretudo em suas extraordinárias árvores (figs. 24 e 25), reconhecíveis até por funcionários do hospital e ao mesmo tempo reveladoras da busca de tornar visível a própria essência estrutural dessas árvores.

Emygdio é mais um exemplo na experiência do museu que comprova a preservação da atividade criadora, apesar de longos anos de internação, em condições adversas. Já se achava internado havia vinte e três anos em regime asilar quando começou a frequentar a Seção de Terapêutica Ocupacional. Ele, como tantos outros que jazem em pleno anonimato, veio do pátio para o atelier, e daí, segundo Mário Pedrosa, "a mesma mão que os leva os traz de volta, e, tornando-se amiga, faz deles, pouco a pouco, personalidades identificáveis".

O frequentador do atelier ali sente-se livre. Não é admitida intervenção de qualquer espécie, nem a presença importuna de curiosos.

Quanto mais grave a condição psicótica, maior será a necessidade que tem o indivíduo de encontrar um ponto de referência e apoio. Esse apoio é dado principalmente pelo monitor, que permanece no atelier, discreto, numa atitude de interesse e simpatia.

---

1. Cf. SILVEIRA, N. *Imagens do inconsciente*. Petrópolis: Vozes, 2015, p. 124-126.
2. BLEULER, E. *Textbook of Psychiatry*. Nova York: Dover, 1951, p. 384.
3. Cf. SILVEIRA, N. Op. cit., p. 37-41.

Figura 24
*Emygdio de Barros, 1970,
óleo sobre tela,
45,5 x 69,0 cm, [T1085]*

Figura 25
*Emygdio de Barros, 1969,
óleo sobre tela,
50 x 70,8 cm, [T971]*

Quando teve ao seu lado nosso colaborador, o artista Almir Mavignier, Emygdio expandiu suas capacidades latentes de alta qualidade artística, dando simultaneamente expressão ao seu drama interior.

Suas obras, desmentindo os preconceitos dominantes na psiquiatria, foram desde logo aceitas no mundo da arte.

Vejamos o que escreveu o crítico de arte Ferreira Gullar:

"Emygdio de Barros é talvez o único gênio da pintura brasileira. Um gênio não é pior nem melhor que ninguém. Com respeito a ele, não há termo de comparação: um gênio é uma solidão fulgurante, ultrapassa as medidas e as categorias. Não é possível defini-lo em função de escolas artísticas, vanguardas, estilos, *metier*. Com relação a Emygdio, podemos afirmar que raramente alguma obra pictórica foi capaz de nos transmitir a sensação de deslumbramento que recebemos de seus quadros (figs. 26 e 27).

A pintura de Emygdio não reflete a experiência humana no nível da sociedade e da história. A ruptura com o mundo objetivo precipitou-o numa aventura abismal, em que o espírito parece quase perder-se na matéria do corpo, afundar-se no seu magma. E é daí, desse caos primordial, que ele regressa, trazendo à superfície onde habitamos, com suas imagens fosforescentes, os ecos de uma história outra, que é também do homem, mas que só a uns poucos é dado viver"[4] (figs. 28 e 29).

O crítico de arte Mário Pedrosa era admirador fervoroso de Emygdio. Muitas vezes exprimiu seu fascínio pelo artista de Engenho de Dentro.

Figura 26
Emygdio de Barros, 1968, óleo sobre tela, 45,6 x 61,7 cm, [T962]

---

4. GULLAR, F. *Coleção "Museus Brasileiros II"*. Rio de Janeiro: Funarte, 1980, p. 72.

Figura 27
*Emygdio de Barros, [1949],
óleo sobre tela,
60 x 50 cm, [T932]*

Figura 28
*Emygdio de Barros, 1968,
óleo sobre papel,
33,2 x 48,7 cm, [T2169]*

Figura 29
*Emygdio de Barros, 1971,
óleo sobre papel,
36,5 x 55,4 cm, [T1937]*

"Se Raphael é desenhista acima de tudo", diz ele, "Emygdio é pintor sobre tudo o mais. O primeiro tece seu universo com linha, o segundo constrói o seu mundo pela cor. A criação neste é por sucessividade; são camadas de imaginação que vêm e vão como ondas (figs. 30 e 31). Pode-se dizer que ele pinta de perto e imagina de longe. Suas paisagens, mesmo quando ao natural, não copiam a realidade, resultando de formas tiradas do local e entrelaçadas a outros elementos imaginários. Esses motivos naturais, ele os apanha dia a dia, e os vai acumulando na lanterna mágica de sua imaginária. Daí em quase todos os seus quadros notar-se sempre a junção de elementos de um passado lon-

Figura 30
Emygdio de Barros, 1968, óleo sobre papel, 33 x 48,2 cm, [T2183]

Figura 31
Emygdio de Barros, 1968, óleo sobre tela, 48 x 68,5 cm, [T965]

gínquo e de impressões recentes. Graças a essa independência em relação ao modelo ou ao motivo natural externo é que ele consegue ordenar a riqueza extrema da imaginação plástica e da fantasia, dentro de telas em geral povoadíssimas"[5] (fig. 32).

Em 1974, nove anos depois de sua segunda internação, foi retirado do hospital por seus familiares.

Apesar dessa decisão, a família tinha dificuldades de aceitar sua presença em casa; mas, sendo ele um indivíduo tranquilo, internou-o num hospital geriátrico.

No início de sua internação no hospital geriátrico foi visitado várias vezes por funcionários do museu, que lhe levaram material de pintura. Mas ele se recusava terminantemente a pintar ali, dizendo que só o faria no atelier do museu. "O importante não é só pintar, é ter ideias para pintar. Aqui na clínica eu não tenho ideias para pintar. Só no museu."

Em outubro de 1984 conseguimos entrar novamente em contato com Emygdio, e o psicólogo Vicente Saldanha assumiu dedicadamente o encargo de trazê-lo, duas vezes por semana, ao museu.

Emygdio tinha na ocasião oitenta e nove anos. Achava-se bem conservado, lúcido, e reconheceu, com satisfação, os antigos funcionários.

Figura 32
*Emygdio de Barros, 1970,
óleo e lápis-cera sobre papel,
34,4 x 48 cm, [T1916]*

---

5. Ibid., p. 62.

Em sua primeira visita ele não pintou. Foi uma visita de adaptação ao museu, que havia mudado de local. Mas já na segunda vinda, no mesmo mês (29 de outubro de 1984), pinta uma tela e a assina. Sua maneira de pintar é a mesma do seu longo período de internação: lento, retocando sempre, modificando as imagens. A seguir, pinta uma outra tela de rara beleza, a que dá o emocionante título *Um caminho para o infinito* (fig. 33).

Emygdio mostrava-se feliz de vir ao museu. Segundo informação da enfermeira da clínica geriátrica, ele se preparava com muita antecedência e logo colocava seu gorro de lã. Guardava sempre um biscoito e até mesmo um pedaço de pão de seu café matinal para oferecer a Vicente, como marca de carinho. Frequentava o museu duas vezes por semana e, na volta para a clínica, fazia sempre um pequeno passeio e lanche. Nosso arquivo possui várias pinturas realizadas nessas vindas ao museu.

Em 24 de maio de 1985, sofre um ligeiro acidente vascular cerebral. Mas já a 30 do mesmo mês voltava a frequentar o museu. Logo que Vicente chegou, Emygdio lhe disse: "Vamos depressa porque hoje quero pintar". Continuou frequentando o museu até 29 de abril de 1986.

No dia 5 de maio do mesmo ano, em consequência de outro acidente vascular cerebral, Emygdio morre, aos 92 anos.

Figura 33
*Emygdio de Barros, 1984,
óleo sobre tela,
32,2 x 40,5 cm, [T5541]*

5
O mundo das imagens

Certamente há muitas maneiras de ver as coisas. Existem aqueles que têm olhos apenas para o mundo exterior e esperam do desenho ou da pintura cópias mais ou menos aproximadas de seres e de coisas da natureza externa. Outros, como Kandinsky, aceitam a existência de uma realidade interna, mesmo mais ampla que a natureza externa, realidade que unicamente pode ser apreendida e comunicada por meio da linguagem visual.

Entre os pintores, há ainda alguns bastante ingênuos que tentam reproduzir a realidade exatamente como ela é; outros, muito mais audazes, procuram penetrar nas construções do mundo real, como fez Mondrian em suas árvores. Há os que exprimem diretamente seus sentimentos, ou ainda permitem que produções da fantasia se desdobrem em liberdade. E há ainda aqueles que, no dizer de Paul Klee, não têm a intenção de refletir o visível, mas de tornar o invisível visível.

A imagem não é a simples cópia psíquica de objetos externos, mas uma representação imediata, produto da função imaginativa do inconsciente, que se manifesta de maneira súbita, mas sem possuir necessariamente caráter patológico, desde que o indivíduo a distinga do real sensorial, percebendo-a como imagens internas. Na qualidade de experiência psíquica, a imagem interna será mesmo, em muitos casos, mais importante que as imagens das coisas externas. Acentuemos que a imagem interna não é um simples conglomerado de conteúdos do inconsciente. Constitui uma unidade e contém um sentido particular: expressão da situação do consciente e do inconsciente, constelados por experiências vividas pelo indivíduo.

Dos estratos mais profundos da psique podem também emergir imagens configuradas em disposições herdadas da psique, imagens arquetípicas, ricas em arcaísmos e motivos mitológicos reativados pela situação presente daquele que as visualiza ou as sonha.

De fato, "... nós não percebemos outra coisa a não ser imagens, que nos são transmitidas indiretamente por um complicado aparelho nervoso. Entre os terminais nervosos dos órgãos dos sentidos e a imagem que aparece na consciência está interpelado um processo inconsciente que transforma o fato físico da luz, por exemplo, na imagem psíquica 'luz'. Mas nesse complicado e inconsciente processo de transformação a consciência não percebe coisa alguma material.

A consequência disso é que tudo quanto se nos apresenta como realidade imediata consiste em imagens bem configuradas e que, portanto, nós vivemos, na verdade, somente num mundo de imagens"[1].

---

1. JUNG, C.G. *The Collected Works*, 8, p. 383.

O século XIX foi denominado o século do livro, e o século XX, o século da imagem. Imagens invadem por todos os lados nossa vida cotidiana: televisão, cinema, vídeo, computação gráfica, o incessante bombardeio da publicidade sob múltiplas formas. Mas, verdade seja dita, imagem e imaginação têm mau crédito entre os cientistas. Deturpariam a experiência do real, seriam instáveis e enganosas.

Pensar, formular conceitos expurgados de qualquer infiltração do imaginário, seria a atividade por excelência para os dignos herdeiros de Descartes. Entretanto, será forçoso reconhecer que tal depuração completa do pensamento lógico nunca foi possível.

O físico Wolfang Pauli, prêmio Nobel por seus trabalhos na fissão nuclear, julga conveniente investigar a origem interior das teorias científicas, paralelamente às pesquisas sobre a realidade externa.

Segundo Kepler, a imagem simbólica precede a formulação consciente de uma lei natural. São as imagens simbólicas e as concepções arquetípicas que levam à busca das leis naturais. Assim, foi a partir da concepção arquetípica da imagem de Deus Criador, imagem central e solar por excelência, que Kepler elaborou sua teoria da estrutura heliocêntrica do mundo[2].

A filosofia de Bachelard, professor da Sorbonne, não é uma filosofia do ser, mas uma filosofia da obra. Certo dia um estudante criticou-o por expor em seu ensino um "universo pasteurizado". Foi para ele uma iluminação. Ninguém poderia ser feliz num universo esterilizado. Dirigiu-se aos poetas e à ordem da imaginação. Encantou-se pelas imagens. Mas não se perdeu em divagações. Estudou-as a fundo. E causou uma revolução na crítica literária[3]. Todos conhecem seus livros sobre as imagens do fogo, da água, do ar, da terra, por meio das quais criou uma tipologia de escritores. E frisa que se deve acrescentar sistematicamente ao estudo de uma imagem particular a pesquisa de sua mobilidade, de sua fecundidade, de sua vida[4].

Gerald Holton, da Universidade de Harvard, em um livro sobre a imaginação científica, procura esclarecer o modo como a imaginação do cientista funciona nas fases iniciais da formação de uma ideia científica[5].

Se muitos permanecem ainda aferrolhados na ordem racional, outros abrem largas janelas para a ordem do imaginário, sem por isso desprezarem a razão. Aceitam a complexidade da psique e seus múltiplos poderes.

Ninguém colocou melhor a importância do imaginário, sua seriedade, que Antonin Artaud em sua carta aos médicos-chefes dos asilos de loucos:

"Para quantos dentre vós o sonho do demente precoce (esquizofrênico), as imagens das quais ele é a presa são coisas diferentes de uma salada de palavras?"[6] As palavras de Artaud, quando escreveu "as imagens das quais ele é a presa", correspondem exatamente ao que disse um dos frequentadores de nosso atelier de pintura, Fernando Diniz: "Mudei para o mundo das imagens. Mudou a alma para outra coisa. As imagens tomam a alma da pessoa".

---

2. PAULI, W. *The Influence of Archetypal Ideas on the Scientific Theories of Kepler.* Nova York: Pantheon Books, 1955.

3. THERRIEN, V. *La Révolution de Gaston Bachelard en Critique Littéraire.* Paris: E. Klincksieck, 1970.

4. BACHELARD, G. *L'air et les Songes.* Paris: L. José Corti, 1943.

5. HOLTON, G. *A imaginação científica.* Rio de Janeiro: Zahar, 1979.

6. ARTAUD, A. *Oeuvres Completes,* I, p. 220.

O indivíduo cujo campo do consciente foi invadido por conteúdos emergentes das camadas mais profundas da psique estará perplexo, aterrorizado ou fascinado por coisas diferentes de tudo quanto pertencia a seu mundo cotidiano. A palavra fracassa. Mas a necessidade de expressão, necessidade imperiosa inerente à psique, leva o indivíduo a configurar suas visões, o drama de que se tornou personagem, seja em formas toscas ou belas, não importa.

Apesar do tumulto de suas vivências internas, Artaud tentava sempre comunicar-se: "Eu desejaria fazer um livro que perturbe os homens e seja uma porta aberta e que os conduza aonde eles jamais haveriam consentido ir, uma porta simplesmente contígua com a realidade"[7]. Por que tememos tanto transpor, por momentos que sejam, essa porta misteriosa, embora contígua com a realidade?

S. Freud

A psicologia freudiana coloca a imagem em plano secundário. Considera-a meramente um véu, uma máscara que disfarça tendências e desejos inconscientes.

As imagens que aparecem nos sonhos, nas fantasias, nas produções plásticas, são submetidas a um método de investigação que as reduz quase inescapavelmente a motivos de natureza sexual.

Segundo Freud, o pensamento em imagens, ou visual, é constituído dos materiais concretos das ideias. Mas as inter-relações entre as ideias, que constituem precisamente o mais importante, não se prestam à expressão em imagens. Daí decorre que as imagens sejam, em si mesmas, um meio muito imperfeito de trazer à consciência conteúdos do inconsciente.

"Os conteúdos reprimidos no inconsciente serão trazidos à consciência pelo restabelecimento, por meio do trabalho analítico, das ligações intermediárias que são as recordações verbais"[8]. Assim, nesta ordem de ideias, foi muito coerente o psicanalista americano que disse a Margaret Haumburg: "Por que o paciente fará pinturas, se as imagens terão de ser por fim traduzidas em palavras?"[9]

O psicanalista C. Wiart, da direção do Centro Internacional de Documentação Concernente às Expressões Plásticas (Cidep – Paris), afirma ser necessário que a pessoa que pinta venha a falar. Se a pintura é utilizada, diz ele, é precisamente porque o doente se encontra numa situação de não poder falar, seja devido à inibição neurótica ou a fechamento esquizofrênico[10].

Os símbolos que se configuram nas ideias delirantes, ou expressão plástica, deveriam segundo Wiart, ser transpostos em palavras.

Entretanto, quando se estabelece um contato bem próximo entre doente e terapeuta, será forçoso reconhecer que as coisas acontecem de modo diferente. É o que se verifica no trabalho de muitos analistas. A palavra não é o único meio de comunicação, nem a única maneira de trazer à consciência conteúdos afundados no inconsciente. Escreve F. Capra: "Em contraste com as abordagens tradicionais, que se limitavam predominantemente às interações verbais entre terapeuta e paciente, as novas terapias encorajam a expressão não verbal e enfatizam a experiência direta, envolvendo todo o organismo"[11].

---

7. Ibid., p. 50.
8. FREUD, S. *Obras Completas*, I, p. 1.216.
9. NAUMBURG, M. *Dinamically Oriented Art Therapy*. Nova York: Grune and Stratton, 1966, p. 3.
10. WIART, C. "Fol Art? Folle Therapie?". In: *Psychologie medicale*, 12, 1980.
11. CAPRA, F. Op. cit., p. 375.

A atitude de Freud ante a imagem foi definida por ele próprio na introdução de seu estudo sobre o *Moisés* de Michelangelo. Vejamos suas palavras: "O conteúdo de uma obra de arte me atrai mais que suas qualidades formais". E pouco adiante: "Teremos de descobrir previamente o sentido e o conteúdo do representado na obra de arte, isto é, teremos de poder interpretá-la"[12].

Vamos nos deter, para melhor compreensão do método de leitura das imagens por Freud, em seu ensaio referente à tela *A Virgem, o Menino Jesus e Sant'Anna,* intitulado "Uma recordação de infância de Leonardo da Vinci", o mais famoso de seus estudos nessa área[13]. Aí, segundo Freud, acha-se sintetizada a história da infância de Leonardo: Sant'Anna, a figura mais distante, representa a verdadeira mãe do pintor, a camponesa Caterina, possuidora do misterioso sorriso que reaparece na *Gioconda*; Maria encarna Donna Albiera, esposa legítima do pai de Leonardo. É ela quem desempenha as funções de mãe da criança depois que seu pai a retirou, entre os três e os cinco anos, dos braços de Caterina e a levou para o lar onde habitava com sua esposa. A criança, isto é, Leonardo, possui assim duas mães. Essa seria a significação da estrutura do famoso quadro que se encontra no Louvre.

Entretanto, o mais importante elemento nesse estudo de Freud está numa recordação de Leonardo, quando se encontrava ainda junto à sua mãe verdadeira.

O próprio Leonardo registra em suas notas: "Uma das minhas primeiras recordações de infância é que, estando ainda no berço, um abutre se aproximou de mim, abriu-me a boca com a cauda e várias vezes bateu com a cauda entre meus lábios"[14].

Freud não aceita a veracidade dessa recordação infantil. Entende-a antes como uma imaginação construída posteriormente. A tarefa da psicanálise seria "reduzir essa criação imaginária a um sentido racional". Seguindo essa meta, atribui à cauda do abutre simbolização do falo como transposição do seio materno. Caminha em trilha mitológica, onde encontra a divindade egípcia materna, denominada Nut, que toma a forma de abutre ou, quando assume forma de mulher, possui cabeça de abutre e está provida de falo entre os seios.

Freud era fascinado pela antiguidade egípcia, grega, romana. Numa bela água-forte de Max Pollak (1913), reproduzida em livro de Theodor Reik, vemo-lo em sua mesa de trabalho cercado por numerosas estatuetas antigas desenterradas de escavações arqueológicas[15].

Mas utilizou pouco em sua obra esses vastos conhecimentos. Não os acompanhava até suas maiores consequências. Detinha-se logo, pois a preocupação que o dominava era traduzir em termos racionais as criações do imaginário, originadas das profundas matrizes da psique, na área da sexualidade pessoal. Assim é que a divindade abutre egípcia o conduz, por meio da recordação infantil de Leonardo, não só a ver na cauda do abutre representação fálica, mas a ligar falo e seio materno, seio que o nutrira e lhe dera prazeroso aconchego. Leonardo teria se fixado fortemente à sua mãe numa relação erótica. Daí teria resultado sua inclinação sentimental no sentido da homossexualidade.

Mas voltemos ao quadro *A Virgem, o Menino Jesus e Sant'Anna,* que resumiria a história da infância de Leonardo. Freud afirma que o tema "Sant'Anna com sua filha e seu neto foi raramente tratado na

---

12. FREUD, S. Op. cit., II, p. 977.
13. Ibid., p. 365.
14. Ibid., p. 375.
15. REIK, T. *Treinta años con Freud.* Buenos Aires: Imán, 1943.

pintura italiana"[16]. Essa afirmação não é exata, pois, sob a denominação "Anna Metterza", era conhecido desde muito tempo. "A sucessão de gerações é o motivo central da composição"[17]. Já é encontrado em obra de Lucca de Tommé, datada de 1367. Bastante conhecidas são as pinturas de Masaccio: *A Virgem, seu Filho e Sant'Anna*; e de Gozzoli: A *Virgem e o Filho com Sant'Anna*.

As características específicas do quadro de Leonardo são o mesmo misterioso sorriso que transparece nas faces de Sant'Anna e de Maria e o aspecto de contemporaneidade entre mãe e filha. Freud atribui o sorriso enigmático das duas mulheres à recordação do sorriso de Caterina, que vem reaparecer em Mona Lisa.

Freud desenvolve suas considerações interpretativas calcando-as sempre sobre dados biográficos, não aludindo em todo o seu estudo à expressão "Anna Metterza" e ao sentido que os antigos lhe atribuíam. Algo o impedia de admitir que situações da vida individual pudessem reativar um tema coletivo vivenciado pela humanidade em todos os tempos. Também nos comentários de Eissler ao famoso quadro de Leonardo encontrei, numa citação de D'Acona em pé de página, alusão à "representação das três gerações unidas na maneira típica iconográfica definida pelo termo Anna Metterza"[18].

Anna Metterza é certamente um tema arquetípico. Vamos encontrá-lo na Grécia, sob múltiplas variações, nas figuras de Deméter (mãe), Koré (filha), Brimos (criança divina).

"Em Elêusis, o nascimento de Brimos era um símbolo, nada mais que a expressão dessa ideia, concentrada como um botão de flor, que encerrava a continuidade da vida na unidade 'filha-mãe-criança', o ser morrendo-procriando-nascendo"[19].

Em Anna Metterza encontramos a mesma ideia de sucessão de gerações, expressa sob a forma de figuras cristãs: Deméter, correspondendo a Sant'Anna; Koré, a Maria; e Brimos (Dioniso), ao Menino Jesus. O tema arquetípico retoma as mesmas personagens, revestidas segundo cada época.

Um ano após, em 1911, no famoso estudo sobre o caso Schreber, Freud admite ir além da redução do delírio de Schreber a uma relação infantil entre este e seu pai, sendo o sol e Deus símbolos do pai. Essa nova atitude, Freud declara no apêndice do estudo do caso clínico de Schreber, escrito após sua publicação. "Muito pode ainda ser extraído do conteúdo simbólico das fantasias e das ideias delirantes do inteligente paranoico" e aí "reconhecer uma multidão de relações mitológicas"[20].

E, pouco adiante, escreve: "Na minha opinião, não tardará o momento de ampliarmos o princípio que nós, os psicanalistas, já havíamos estabelecido desde muito tempo, acrescentando ainda ao seu conteúdo individual ontogenético seu complemento antropológico filogenético. Esse breve apêndice à análise de um paranoico pode contribuir para demonstrar o quanto está fundamentada a afirmação de Jung de que as forças produtoras de mitos da humanidade não se extinguiram, e hoje criam, nas neuroses, os mesmos produtos psíquicos que nas épocas mais remotas"[21].

---

16. FREUD, S. Op. cit., II, p. 389.

17. EISSLER, K.R. *Leonardo da Vinci*. Londres: The Hogarth Press, 1961, p. 38.

18. Ibid., p. 37.

19. KERÉNYI, C. *Introduction a 1'Essence de la Mythologie*. Paris: Payot, 1953, p. 179.

20. FREUD, S. Op. cit., II, p. 693.

21. Ibid., p. 692.

Assim, pois, não será de estranhar, mesmo do ponto de vista psicanalítico, que o sentido do quadro de Leonardo – *A Virgem, o Menino Jesus e Sant'Anna* – esteja muito além de uma compreensão puramente individual.

C.G. Jung

Ao contrário da psicologia de Freud, a psicologia junguiana reconhece na imagem grande importância, bem como nas fantasias e nos delírios. Jung vê nos produtos da função imaginativa do inconsciente autorretratos do que está acontecendo no espaço interno da psique, sem quaisquer disfarces ou véus, pois é peculiaridade essencial da psique configurar imagens de suas atividades por um processo inerente à sua natureza. A energia psíquica faz-se imagem, transforma-se em imagem. Se nos é difícil entendê-las de imediato, não é por serem máscaras de conteúdos reprimidos, mas por se exprimirem noutra linguagem diferente daquela que consideramos única – a linguagem racional. Exprimem-se por meio de símbolos ou de mitologemas, cuja significação desconhecemos, ou melhor, já esquecemos.

Partindo desse conceito, na tentativa de penetrar no íntimo de seus doentes, Jung sugeria-lhes que pintassem. E, se lhe diziam que não sabiam pintar, Jung lhes respondia que não se tratava de reproduzir belas paisagens. "Pintar aquilo que vemos diante de nós é uma arte diferente de pintar o que vemos dentro de nós"[22]. O que importa é o indivíduo dar forma, mesmo que rudimentar, ao inexprimível pela palavra: imagens carregadas de energia, desejos e impulsos. Somente sob a forma de imagens a libido poderá ser apreendida viva, e não esfiapada pelo repuxamento das tentativas de interpretações racionais.

A psicologia analítica distingue dois tipos de imagens do inconsciente:

a) imagens que representam conteúdos do inconsciente pessoal, emoções e experiências vivenciadas pelo indivíduo, logo reprimidas;

b) imagens de caráter impessoal que se configuram a partir de disposições inatas inerentes às camadas mais profundas da psique, à sua estrutura básica (inconsciente coletivo). Jung denominou-as imagens arquetípicas. Configuram vivências primordiais da humanidade, semelhantes nos seus traços fundamentais, em toda parte do mundo, podendo revestir-se de roupagens diferentes de acordo com a época e as situações em que se manifestam, exprimindo, porém, sempre os mesmos afetos e ideias.

As imagens arquetípicas tecem os temas míticos, que exprimem, condensam, as mais intensas experiências da humanidade. São, no dizer de J. Harrison, as "emoções coletivas".

As imagens de caráter mitológico, diz Jung, "são a linguagem inata da psique em sua estrutura profunda"[23]. E é aí que estão as raízes de nossa vida psíquica, a fonte de toda imaginação criadora.

Será salutar manter contato com essas raízes. Não existe somente o pensamento racional. Há também um tipo de pensamento em imagens, em símbolos imemoriais. Terá vida mais plena quem der

---

22. JUNG, C.G. Op. cit., 16, p. 47.
23. Ibid., 10, p. 339.

consideração atenta às imagens que surgem nos próprios sonhos e nos desdobramentos de suas imaginações. Mas, se o homem se afasta de suas raízes, se não mantém contato consciente com elas, se a sociedade onde vive também as renega, poderão de súbito ocorrer reativações violentas. Imagens arquetípicas irromperão do inconsciente, inundando o consciente. Será visto então quanto tais imagens são atuantes e mesmo capazes de produzir efeitos devastadores pela carga energética que irradiam, tais como fenômenos destrutivos de massa. É o que acontece também, em graus variáveis, nas psicoses.

Na condição psicótica, fragmenta-se o ego, desorganizam-se as funções de orientação do consciente, caem os diques que mantinham o inconsciente a distância. A psique subterrânea se revela, deixando descoberta sua estrutura básica e permitindo que se tornem apreensíveis seus processos arcaicos de funcionamento.

Foi precisamente o trabalho clínico com esquizofrênicos, no hospital psiquiátrico de Bürgholzili, Zurique, que levou Jung para além das camadas superficiais do inconsciente, com seus conteúdos formados de complexos, de vivências individuais reprimidas, que constituem o principal material da análise de neuróticos.

A observação atenta, paciente, dos psicóticos conduziu Jung a regiões da psique ainda inexploradas, de onde emergiam ideias delirantes e imagens alucinatórias. Na base da experiência clínica, Jung descreve a esquizofrenia como a inundação do campo do consciente por conteúdos do inconsciente profundo (coletivo), ou seja, por imagens arquetípicas.

Muito pouco chega até nós dos acontecimentos, das lutas que se desdobram na escuridão do mundo interno do psicótico, pois estão quebradas as pontes de comunicação com o nosso mundo. Será necessário dar muita atenção aos fragmentos de frases que o doente pronuncia, à sua mímica, à sua postura.

Mas o menos difícil será estudar as imagens que ele desenhe, pinte ou modele. Para isso, o estudioso terá de equipar-se de conhecimentos de mitologia, história das religiões, antropologia cultural, a fim de ser capaz de estabelecer paralelos históricos com as imagens simbólicas captadas por meio da pintura.

O pesquisador verificará que o material que vem à tona nos estados psicóticos não nos é tão estranho como se admitiria à primeira vista. Quando a análise penetra mais profundamente, diz Jung, encontra nos neuróticos as mesmas figuras arquetípicas que ativam os delírios dos psicóticos.

Nas criações artísticas, literárias ou plásticas, essas imagens poderão estar presentes, do mesmo modo que também marcam as etapas do processo normal de desenvolvimento da personalidade, processo que se desenvolve à medida que certos conteúdos da psique profunda vão sendo integrados.

A grande diferença está em que o psicótico não pode integrar esses conteúdos, mas, ao contrário, é dominado por eles. É preciso frisar que o fator patológico não reside nas imagens arquetípicas, mas na dissociação do consciente, que perde a possibilidade de controle sobre o inconsciente. A doença está na cisão do ego, incapaz de fazer face às irrupções do inconsciente[24].

O terapeuta freudiano tem a preocupação de interpretar as imagens simbólicas, e o faz geralmente em sentido redutivo, procurando descobrir elementos disfarçados pela imagem, relativa às vivências da infância do indivíduo.

---

24. Ibid., 14, p. 531.

A proposta de Jung é diferente. Imagem e significação são idênticas para ele. Quando a imagem se configura, também a significação torna-se clara. De fato, as imagens arquetípicas não necessitam de interpretação: elas retratam sua própria significação[25]. E diz ainda: "As imagens simbólicas, com suas múltiplas faces, exprimem os processos psíquicos de modo mais preciso e muito mais claramente que o mais claro dos conceitos. O símbolo não só transmite a visualização dos processos psíquicos, mas também, e isso é importante, a reexperiência desses processos"[26].

É em relação às imagens arquetípicas que o método da comparação histórica tem plena aplicação, tanto no campo da pesquisa teórica quanto no da prática clínica. A tarefa do terapeuta será estabelecer conexões entre as imagens e a situação emocional do indivíduo.

Por meio de toda a obra de Jung, encontram-se inúmeras leituras de imagens, sejam de sonhos, visões, desenhos, pinturas, sempre estudadas em série, pois "essas imagens são autorrepresentações de transformações energéticas que obedecem a leis específicas e seguem direção definida"[27]. Trata-se de tentativas de realizar o processo de individuação que consiste na dialética entre o ego e imagens do inconsciente.

Atravessando várias etapas, integrando opostos, se chegará, por meio desse embate, à individuação, o que significa cada um tornar-se o indivíduo que realmente é em seu rascunho original.

Não importam as posições teóricas nem as técnicas utilizadas. Cada um trabalha com o instrumento que prefere, o instrumento mais de acordo com sua natureza. Ninguém tenha a ilusão de que essa escolha seja unicamente uma questão racional. É sempre, no fundo, uma preferência subjetiva. Por exemplo: nenhum pesquisador aplicará dois eletrochoques no mesmo doente, num só dia, para estudar suas produções plásticas, se a essência de sua própria natureza não aceita esse cruel método.

H. Prinzhorn

Depois dos estudos sobre os métodos de Freud e de Jung, os dois grandes mestres, referiremo--nos brevemente a outros métodos de leitura das imagens.

O primeiro nome citado será Hans Prinzhorn, psiquiatra da Universidade de Heidelberg, que publicou em 1922 um livro monumental sobre as expressões da loucura – *Bildnerei der Geisteskranken*. Indício significativo do desprestígio da imagem é o fato de esse livro somente ter sido traduzido para o inglês em 1972 e para o francês em 1984. Seria dito que a muralha cartesiana aprisiona o psiquiatra na esfera do pensamento racional e da palavra, sem lhe permitir dar o devido apreço à ordem do imaginário, integrante da psique profunda.

Prinzhorn valoriza altamente as obras plásticas realizadas pelos doentes, pois demonstrou que uma pulsão criadora, uma necessidade de expressão instintiva, sobrevive à desintegração da personalidade.

---

25. Ibid., 8, p. 204.
26. Ibid., 13, p. 162.
27. Ibid., 6, p. 212.

"Se as informações biográficas se baseiam apenas nas declarações do doente, não podemos saber em que medida ele as fabulou. Quanto às declarações dos membros da família, não conhecemos as intenções que as motivaram. Enfim, é fácil entender que não se poderá acreditar na objetividade dos protocolos médicos. As obras, ao contrário, são concretizações de expressões objetivas. E uma interpretação feita por um observador que desvende seus pressupostos atingirá facilmente grau de objetividade superior ao de um protocolo"[28].

Se Prinzhorn tardou tanto a incitar a curiosidade de psiquiatras e psicólogos, rapidamente influenciou a arte moderna. Fascinou artistas como Max Ernst, Paul Klee, Kubin e numerosos surrealistas franceses.

Prinzhorn não aceita o fosso tradicional que separaria as formas de expressão do louco das formas de expressão dos normais. Admite que o poder criador está presente em todos os indivíduos, entendendo os conhecimentos tradicionais e o treinamento como acréscimos culturais externos ao processo primário configurativo que poderá irromper em qualquer pessoa.

As obras estudadas por Prinzhorn em seu livro compõem dez casos por ele escolhidos na coleção de Heidelberg. Sua leitura, originalíssima, de tais obras permanece na área da fenomenologia, sendo as formas estudadas de modo completamente independente, tanto da psiquiatria quanto da estética. Prinzhorn focaliza sua atenção nos princípios formais de configuração que se manifestam nas pinturas: tendências repetitivas, ornamentais, ordenadoras, simétricas, simbólicas, que são, em sua maneira de ver, criação de uma forma de linguagem para o próprio autor.

Para que se possa compreender melhor a leitura que Prinzhorn faz das imagens, citaremos uma de suas teses fundamentais:

"Nossos pacientes acham-se em contato, de maneira totalmente irracional, com as mais profundas verdades, e muitas vezes revelam, inconscientemente, visões de transcendência... Reencontramos assim, num contexto diferente, a ideia da existência de formas de expressão psíquica e de objetos de formas correspondentes, que em todos os homens, em dadas condições, seriam necessariamente quase idênticas, mais ou menos como os processos fisiológicos".

E pouco adiante: "A mistura de fantasias religiosas e eróticas é particularmente característica. Tais fantasias eram muito comuns nos estágios iniciais da cultura humana, constituindo hoje um tesouro perdido, a menos que estejamos orgulhosamente satisfeitos com a nossa civilização, que se depurou, pelo menos exteriormente, dessas características originárias"[29]. Portanto, o estudioso das imagens, segundo a leitura de Prinzhorn, necessita de um equipamento cultural que cada vez mais é banido do *curriculum* do estudante da área científica.

Lentamente, muito lentamente, começou a crescer o interesse pelo estudo das imagens. Decerto, não penso em fazer um percurso cronológico histórico dessa vagarosa caminhada. Não é finalidade deste livro. Minha intenção é marcar algumas posições que me parecem importantes para a focalização das configurações criadas espontaneamente por indivíduos que estão vivendo estados especiais do ser que os impedem de serem aceitos no tipo vigente de sociedade.

---

28. PRINZHORN, H. *Artistry of the Mentally III*. Nova York: Springer, 1972, p. 237.

29. Ibid., p. 242.

Arte bruta

Marco importante foi a atitude do pintor Jean Dubuffet, criador da noção de Arte Bruta. Dubuffet define: "Produções de toda espécie – desenhos, pinturas, bordados, modelagens, esculturas etc., que apresentam um caráter espontâneo e fortemente inventivo, que nada devem aos padrões culturais da arte, tendo por autores pessoas obscuras, estranhas aos meios artísticos profissionais"[30].

Dentre as obras dos diferentes tipos de marginais que realizam criações fora dos padrões culturalmente aceitos, formas de expressão ainda mais estranhas às normas aceitas, sobressaem aquelas produzidas pelos doentes mentais.

Em 1945, Jean Dubuffet começou a reunir obras desse tipo, resultando daí a formação da Coleção da Arte Bruta. Depois de muitas vicissitudes a fim de proteger o precioso material que vinha recolhendo, ofereceu-o à cidade de Lausanne, Suíça, onde encontrou acolhida para sua coleção, até então itinerante. A cidade de Lausanne pôs à disposição de Jean Dubuffet o castelo de Beau Lieu, para a instalação do Museu de Arte Bruta, que foi inaugurado em fevereiro de 1976.

O Museu de Arte Bruta promove exposições e publicações de alta qualidade, que continuam a desenvolver-se sobre as principais criações de novos autores que vêm enriquecer a coleção. Seu acervo de obras de autores que não mantenham conexão com tudo quanto é visto em museus e galerias oficiais de arte cresce sem cessar.

Recentemente, após a morte de Jean Dubuffet, assumiu a direção do Museu de Arte Bruta o curador do museu, Michel Thévoz, que continua a desenvolver os trabalhos iniciados por seu fundador.

Os internados em hospitais psiquiátricos que têm o recurso de usar a linguagem plástica como meio de expressão, os artistas "brutos", os marginais de vários gêneros e de várias artes, constituem uma enorme família[31].

Há decerto grandes distâncias e diferenças entre eles, mas uma grande afinidade os aproxima. Se procurarmos esse denominador comum, encontraremos sempre presentes nesses indivíduos contatos peculiares, em graus mais ou menos intensos, com a psique inconsciente, incomuns para as pessoas bem adaptadas às normas sociais. Os pintores "ingênuos" formam outra família. São movidos pela tendência a empatizar com os objetos do mundo externo, neles encontrando prazer e inspiração, ao contrário dos membros da outra família, que se voltam para representações interiores, por mais inquietantes que sejam.

Os esquizofrênicos acham-se sob o domínio de representações interiores tão intensas que "o sonho se toma para eles mais real que a realidade externa"[32]. Na experiência dos marginais, as visões, os sonhos, desempenham papel muito importante, entretanto não se apoderam deles completamente, deixando sempre uma faixa para a realidade externa.

A marginalidade é um fenômeno universal. Assim, por exemplo, Scottie Wilson, nascido em Glasgow, reproduz em seus desenhos visões do mundo fantástico de sua imaginação, visões para

---

30. THÉVOZ, M. *L'Art Brut*. Genebra: D'Art Albert Skira, 1975, p. 5.
31. SILVEIRA, N. *Catálogo de Arte Incomum*, 16ª Bienal, 1981, p. 36.
32. JUNG, C.G. Op. cit., 4, p. 120.

ele tão reais quanto seus próprios sonhos. O mundo externo não o atrai, nem para seduzi-lo a mudar sua modesta maneira de viver em decorrência de lucros obtidos pela venda das obras de sua atividade criadora[33].

Ferdinand Cheval, funcionário eficiente dos Correios da França, viu-se em sonho construindo um "palácio ideal". Somente quinze anos mais tarde iniciou o trabalho de edificação de seu palácio de acordo com a imagem sonhada. A imagem havia permanecido presente como vívida realidade e serviu-lhe de modelo durante mais de trinta anos, o longo tempo que levou desenvolvendo a complexa arquitetura desse monumento erguido nas proximidades da aldeia francesa de Hauterives[34].

No Brasil, a meio caminho entre São Pedro da Aldeia e Cabo Frio, Gabriel dos Santos, trabalhador braçal, construiu a "Casa da Flor" a partir de um sonho que teve na infância. Lançou as bases concretas de sua casa onírica aos vinte anos de idade e através da vida inteira trabalhou para erguê-la e decorá-la fantasmagoricamente, usando para isso os objetos mais diversos. Agora, aos oitenta e seis anos, ele diz: "Eu faço isso por pensamentos e sonhos. Eu sonho pra fazer e faço"[35].

Chico Tabibuia, lenhador analfabeto, descoberta do professor P. Pardal, também a partir de sonhos configura suas esculturas em madeira, configurações religioso-eróticas de falos de proporções exageradas. Ele diz: "Durmo e tem um velho que me ensina, que é Deus". É curioso que para essas obras existam paralelos mitológicos de falos de dimensões excessivas, também talhados em madeira, como o falo talhado em figueira conduzido nas procissões de Dioniso e o Priapo de esculturas romanas trabalhadas em madeira de figueira. As grandes figuras fálicas de Chico Tabibuia foram igualmente esculpidas em madeira[36].

Geraldo Teles de Oliveira (GTO, como é conhecido) diz: "Eu fui peguei a sonhar (...) e eu tava durmindo e fazendo essa arte em madeira no sonho com a maior facilidade". Seu primeiro trabalho "ninguém conheceu e foi só pelo sonho. É uma igreja que nem sei explicá que santo é, é tudo desconhecido". Seus trabalhos são esculpidos em madeiras muito resistentes. Os principais têm forma circular, são as "rodas vivas", onde se movem figuras de significações opostas: "Eu tenho que pôr de tudo aí dentro na minha arte, bom e mau, mau e bom, porque têm de tudo"[37].

O sonho leva esse caboclo mineiro, analfabeto, a espaços internos profundos, talvez até a divindades arcaicas ("santo desconhecido") e ao próprio centro ordenador da psique (*self*), o qual, sendo uma totalidade, inclui necessariamente aspectos luminosos e escuros.

Uma maravilhosa marginal é Eli Heil, de Santa Catarina. Eli diz: "Vomito criações". Vivencia a imaginação efervescente como algo que pertence a outrem, a um "monstrinho doce" habitante de seu cérebro: "A imaginação dele é tão grande que faz sofrer, gritar, criar tanto que cheguei à conclusão que vomito criações".

Em sua tese, A.M. de Araújo refere-se à intensa vibração das pinturas de Eli, a seres estranhos que povoam sua obra e passam por múltiplas metamorfoses, ao predomínio de rodopiantes configura-

---

33. CARDINAL, R. *Outsider Art*. Nova York: Praeger, 1972, p. 74.

34. Ibid., p. 146.

35. *A Casa da Flor*. Secretaria de Educação e Cultura do Estado do Rio de Janeiro, 1978.

36. PARDAL, P. *A escultura mágico-erótica de Chico Tabibuia*. Rio de Janeiro: UERJ-ERCA, 1989.

37. FROTA, L. *Mitopoética de 9 artistas brasileiros*. Funarte, 1978.

ções concêntricas, ao fascínio que emana de suas criações, reconhecendo em tais imagens as marcas de origem das produções surgidas dos estratos mais profundos do inconsciente[38].

Mas o notável é que esses conteúdos emergidos das profundezas da psique com ímpeto tão violento não arrebentam Eli, ego consciente. Eli continua a cuidar da casa, dos filhos, a comunicar-se com o mundo externo. Não submerge no grande oceano da psique coletiva. Talvez isso aconteça porque, pintando incessantemente, ela consiga captar imagens possuidoras de fortes cargas energéticas, retirando-as do grande turbilhão. E porque repetidamente configura em imagens circulares as forças instintivas de defesa da psique que se opõem aos caos (mandalas). Aliás, Eli sabe que a atividade artística é para ela "o remédio essencial".

Cada um desses indivíduos – esquizofrênicos ou marginais de vários gêneros – possui suas peculiaridades, mas todos têm contato íntimo com as forças nativas, brutas, virgens, do inconsciente. Que hajam configurado visões, sonhos, vivências nascidas dessas forças primígenas, eis um dos mistérios maiores da psique humana.

É de notar que os esquizofrênicos hospitalizados, sujeitos inevitavelmente ao tratamento pelos neurolépticos, segundo M. Thévoz, sofrem "um embrutecimento mental e uma anestesia que se traduzem, no domínio da produção plástica, na perda das funções criativas"[39].

R. Volmat

Segundo o modelo médico, a imagem será vista de um ângulo de visão oposto. Os psiquiatras tradicionais buscarão nas imagens dados e confirmações para seus diagnósticos. Não aceitam a possibilidade de que o fato de dar forma a imagens que se agitam em tumulto no inconsciente, ainda que sob configuração simbólica, possa ter efeito terapêutico – ou venha tornar-se uma linguagem que descreve enigmas do processo psicótico. Pelo contrário, muitos admitem que o ato de desenhar ou pintar contribui para um mergulho mais profundo na psique e fixação em temas delirantes (E. Kris, F. Reitman, J. Plokker etc.).

Entretanto, pesquisas mais amplas vieram impor o estudo das imagens. Foi assim que o 1º Congresso Internacional de Psiquiatria, reunido em Paris no ano de 1950, inclui em seu programa uma exposição de obras plásticas de internados em hospitais psiquiátricos.

Coube ao Dr. Robert Volmat a organização dessa original mostra que reuniu coleções, mais ou menos numerosas, de dezessete países. O Brasil contribuiu para essa exposição com duzentas e trinta e seis obras.

O livro de R. Volmat referente a essa exposição foi o ponto de partida para a fundação da Sociedade Internacional de Psicopatologia da Expressão, em 1959. A sociedade realiza frequentes congressos em países diferentes, bem como simpósios que fazem parte dos congressos mundiais de psiquiatria. Evidentemente, esse fato revela o crescente interesse pelo estudo das imagens, feito em leituras diferentes, segundo os pontos de vista de seus estudiosos, embora nesses encontros predomine o modelo médico.

---

38. ARAÚJO, A. *Mito e magia na arte catarinense.* Universidade Federal do Paraná, 1978.
39. THÉVOZ, M. Op. cit., p. 17.

Apesar de ter escolhido a denominação "Sociedade de Psicopatologia da Expressão" e dos muitos casos clínicos estudados sob a lupa da visão médica, o mérito de R. Volmat é não utilizar desenhos e pinturas unicamente com objetivos diagnósticos e esclarecimento redutivo da dinâmica de sintomas. Sua atenção dirige-se com o mais vivo interesse para a utilização das atividades expressivas como métodos de tratamento nos hospitais psiquiátricos, posição que só tardiamente seria assumida por Kerobaumer.

Apesar das resistências que o modelo médico ainda hoje opõe a esse ponto de vista, R. Volmat, desde o início de suas pesquisas, valoriza as possibilidades terapêuticas da expressão plástica, sobretudo se realizada coletivamente.

O último capítulo de seu livro tem por título "A terapêutica coletiva pela arte". O método coletivo, "graças a seu próprio valor emocional [...] melhora os contatos interpessoais e ajuda o estabelecimento de comunicações verbais, favorecendo o contato psicoterapêutico, e, particularmente para alguns, permite fornecer-lhes um auxílio precioso e eficaz que poderá ser desenvolvido"[40].

Estas últimas palavras de R. Volmat oferecem uma ponte para a expressão de alguns que prefiram recorrer a uma linguagem plástica própria, secreta, que os ajude a encontrar seu peculiar caminho.

L. Navratil

Entre os sintomas da esquizofrenia, os tratados de psiquiatria citam o maneirismo. Trata-se de comportamentos extravagantes, de frases artificiais e discordantes, pronunciadas em atitudes teatrais sofisticadas. Também a mímica adquire aspectos afetados.

A expressão *maneirismo,* em psiquiatria, foi inspirada pela crítica ao espírito artístico maneirista. Se bem pesquisado, o maneirismo encerra conteúdos simbólicos. Já Bleuler frisa que o maneirismo é alterado de acordo com a reativação dos complexos[41].

Leo Navratil é um psiquiatra clínico e estudioso da arte e seus estilos. Ele admite que a força criadora, fator principal da criação artística, está também presente nos esquizofrênicos. Nesses doentes, a força criadora é inerente à doença, é um *sintoma* da doença e uma tentativa de restauração da psique.

As funções criadoras surgem devido à repressão de instintos, a emoções intensas que ameaçam arrebentar a estrutura do ego. O artista consegue integrá-las às normas de seu ego. Esta segunda etapa é difícil para o esquizofrênico. Embora também se esforce para restaurar o ego, ele se inclina para o não convencional, o insólito, o antinatural. Aproxima-se do maneirismo, estilo artístico que se contrapõe ao naturalismo e ao classicismo. "O estilo esquizofrênico corresponde, em todos os detalhes, ao maneirismo da arte, e atribuímos isso a uma analogia essencial entre o tipo humano maneirista e o doente esquizofrênico. Em ambos existe falta de integração entre as zonas emocional-instintiva e racional-intelectual do ser"[42].

G.R. Hocke, num livro apaixonante – *Labyrinthe de l'Art Fantastique* –, vê no maneirismo uma tendência da arte essencialmente subjetiva. Para ele, perdem o interesse os objetos do mundo externo

---

40. VOLMAT, R. *L'Art Psychopathologique.* Paris: PUF, 1956, p. 263.
41. BLEULER, E. *Dementia Praecox or the Group of Schizophrenias.* Nova York: International Universities Press, 1950, p. 454.
42. NAVRATIL, L. *Esquizofrenia y Arte.* Barcelona: Seix Barral, 1972, p. 175.

vistos segundo as leis naturais que regem a percepção visual, tão caros aos renascentistas. Sentem-se fascinados por estranhas imagens originárias dos subterrâneos de sua alma.

Na Renascença o sentimento estético mobilizava-se no sentido de empatizar com a natureza, os seres e as coisas. Os gênios renascentistas aspiravam ao sentido de ordem e harmonia que predominava na arte clássica. Florença, dizia-se, era a Atenas do Arno. Mas foi precisamente em Florença que as aspirações à harmonia sofreram as primeiras derrotas. Abrem-se os olhos de jovens pintores que descobrem quanto o mundo transborda de desarmonias. Por meio das rígidas regras clássicas, não conseguiriam captar o dissonante, o irregular, e menos ainda as inquietações da alma humana, nem as imagens de terror que tantas vezes invadem os sonhos. Trata-se de um estilo que possui "especificidade própria", tendo fundamentos psicológicos e sociológicos, e se desenvolve "num clima de angústia universal, de pesquisa do sentido oculto da realidade"[43].

Por extensão, pode-se falar de épocas maneiristas sempre que haja preferência deliberada pelo irregular, pela rebeldia contra o convencional, sejam tais épocas pré-clássicas, pós-clássicas ou contemporâneas. A época contemporânea, em muitas de suas formas de expressão inspiradas no imaginário e fruto de especulações em dimensões metafísicas, prolonga e reforça nos tempos presentes a *contracorrente* maneirista que durante longo período parecia haver sido superada por outras posições face ao mundo.

Não surpreenderá que o esquizofrênico, caracteristicamente desligado do convencional, procure formas de expressão anômalas, portanto próximas do maneirismo, o que não implica necessariamente uma manifestação patológica.

Aqui, ousa-se um salto gigantesco. Sabe-se , graças à biografia de Charles Chaplin, que sua mãe esteve internada em hospital psiquiátrico, mas ele próprio confessa que aprendeu com ela estranhas mímicas, que bem podem ser denominadas de maneiristas. "Sem minha mãe, acho que jamais teria me saído bem na pantomima. Ela possuía a mímica mais notável que já vi. Às vezes, ficava durante horas à janela, olhando para a rua e reproduzindo com as mãos, os olhos e a expressão de sua fisionomia, tudo o que se passava lá embaixo. E foi observando-a que aprendi a traduzir as emoções com as minhas mãos e o meu rosto, mas sobretudo a estudar o homem"[44].

Estranho aprendizado maneirista de um dos maiores gênios do século!

E. Adamson

Adamson é um renomado pintor inglês. Não é psicólogo nem psiquiatra. Obteve em 1946, graças a seu prestígio pessoal, espaço adequado para uma experiência de expressão plástica livre com doentes mentais, num hospital psiquiátrico da Inglaterra (Netherne Hospital). Adamson não estava filiado a nenhuma teoria psicológica. Em seu atelier, os doentes davam espontânea expressão a suas experiências internas, a seus sentimentos e à maneira como viam o mundo. Dando forma a suas emoções, encontravam alívio para suas angústias. E, muitas vezes, abriam caminho para que

---

43. HOCKE, G.R. *Labyrinthe de l'Art Fantastique.* Paris: Gouthier, 1967, p. 22.
44. *O pensamento vivo de Chaplin.* São Paulo: Martin Claret, 1987, p. 73.

as forças criativas, existentes em todos os seres, se fortalecessem e tomassem configuração em projetos de renascimento[45].

No atelier de Adamson, os pintores trabalhavam livre e individualmente, usando cada um seu cavalete e suas tintas.

Também na Inglaterra a psiquiatria tradicional não dava apoio a essa orientação terapêutica. Logo que Adamson foi aposentado, em 1980, a galeria onde eram expostos, com fins didáticos, os trabalhos dos doentes que frequentavam seu atelier, foi transformada em departamento de fisioterapia!!

Para abrigar a vasta coleção da Adamson, sessenta mil obras, foi aberta uma galeria pública na residência da Dra. Miriam Rothschild, nas proximidades de Cambridge. Entretanto, o Dr. Sherwood Appleton sugere que esse espaço não se torne somente um museu, mas um centro, um oásis, onde qualquer um tenha a liberdade de expor suas vivências, num ambiente acolhedor. Não se sabe se os doentes do Netherne Hospital terão acesso à galeria de Miriam Rothschild...

Arteterapia

Outra forma de leitura de imagens está ligada aos métodos da chamada arteterapia. De início, direi que não aceito a denominação arteterapia, muito empregada atualmente. A palavra *arte* tem conotações de valor, de qualidade estética. Frisemos, entretanto, que nenhum terapeuta tem em mira que seu doente produza obras de arte, e nenhum psicótico jamais desenha ou pinta pensando que é um artista. O que ele busca é uma linguagem com a qual possa exprimir suas emoções mais profundas. O terapeuta busca nas configurações plásticas a problemática afetiva de seu doente, seus sofrimentos e desejos sob forma não proposicional. Utilizamos de preferência linguagem plástica, expressão plástica.

Ordinariamente, entre nós os ateliers de "arteterapia" não passam de setores recreativos. Mas convém acentuar que hoje defensores da arteterapia têm uma outra concepção desse método. Vejamos como um de seus principais expoentes, Margaret Naumburg, a define: "A arteterapia dinamicamente orientada baseia-se no reconhecimento de que os pensamentos e sentimentos fundamentais do homem derivam do inconsciente e frequentemente exprimem-se melhor em imagens do que em palavras". E continua: "As técnicas da arteterapia baseiam-se no conhecimento de que todo indivíduo, tenha ou não treinamento em arte, possui capacidade latente para projetar seus conflitos internos sob forma visual"[46].

Caracteriza esse método a intervenção do arteterapeuta. O doente é encorajado, ou seja, "dinamicamente orientado" a descobrir por si próprio a significação de suas criações, o que é alcançado graças ao estabelecimento de uma relação transferencial com o arteterapeuta.

O que distingue a arteterapia das práticas adotadas no Museu de Imagens do Inconsciente é que as atividades aí realizadas são absolutamente livres, espontâneas. O atelier oferece um ambiente acolhedor, e a monitora (que não é uma arteterapeuta) nunca intervém. Apenas tem uma atitude simpática para com o doente, diremos, no máximo, uma função catalisadora.

45. ADAMSON, E. *Art as healing.* Londres: Coventure, 1984.
46. NAUMBURG, M. Op. cit., p. 1.

Apesar dessas diferenças de orientação, reconheço a importância do trabalho de Margaret Naumburg, que pôs em relevo o valor da imagem e trouxe vida a muitos frios serviços psiquiátricos que apenas recorrem à palavra.

Museu de Imagens do Inconsciente

Deixamos por último as informações sobre o método de leitura das imagens no nosso museu. Sempre me fascinaram as explorações do mundo intrapsíquico. Foi com a intenção de fazer sondagens nesse mundo que estudei atentamente o desconexo palavreado dos esquizofrênicos; que observei sua mímica, seus gestos, seus atos, quer estivessem inativos quer na prática de atividades; que me debrucei sobre as imagens por eles livremente pintadas.

Reuni essas imagens em séries, em longas séries, e infalivelmente significações acabavam por delinear-se. Dessa maneira, ressaltava o processo psicótico em seus avanços e recuos. Apreender tais significações não é mera curiosidade científica. Não vejo como será possível entrar em contato com um homem ou uma mulher, e tratá-los seja por qual método for, sem fazer a mínima ideia da maneira com este ser está vivendo o tempo e o espaço, sem ouvir os estranhos pensamentos que lhe ocorrem e as imagens que avassalam sua mente.

Um dos caminhos menos difíceis que encontrei para o acesso ao mundo interno do esquizofrênico foi dar-lhe a oportunidade de desenhar, pintar ou modelar com toda a liberdade. Nas imagens assim configuradas teremos autorretratos da situação psíquica, imagens muitas vezes fragmentadas, extravagantes, mas que ficam aprisionadas no papel, tela ou barro. Poderemos sempre voltar a estudá-las.

Muitos problemas teremos de decifrar, em ateliers que funcionem livremente em hospitais psiquiátricos. O clima do atelier deverá ser cordial, mas silencioso. Sempre que as condições permitirem, os frequentadores devem dispor de material de trabalho próprio e nunca devem ser colocados demasiado próximos uns dos outros, tocando-se. Estreitamente agrupados, será difícil que revelem suas secretas angústias, mesmo que inventem uma linguagem enigmática própria.

Foi observando-os, e às imagens que configuravam, que aprendi a respeitá-los como pessoas, e desaprendi muito do que havia aprendido na psiquiatria tradicional. Minha escola foram esses ateliers.

Esse aprendizado decorreu principalmente da dificuldade que tinha de comunicar-me com esses indivíduos em nível verbal, enquanto, por meio da imagem, tornava-se possível a abertura da porta do mundo interno, sempre rico de significações.

M.A. Sechehaye viveu essa experiência no trato com a jovem esquizofrênica Renée. "1 – Quando explico a Renée, de modo verbal, o simbólico de seus pensamentos e de seus sintomas e tento traduzi-los em termos racionais, ela não me compreende. Para ela é como se fosse chinês. Em lugar de convencê-la e acalmá-la, minhas eruditas interpretações a perturbavam e exasperavam. 2 – Deduzi que não falávamos a mesma língua; 3 – Era, pois, necessário falar sua linguagem e não mais a minha"[47].

---

47. SECHEHAYE, M.A. *La Réalisation Symbolique*. Berna: Hans Huber, 1947, p. 7.

As diversas modalidades de expressão dos esquizofrênicos são muito ricas em símbolos que condensam profundas significações, constituindo linguagem arcaica de raízes universais. Linguagem arcaica, mas não morta, segundo Erich Fromm, possuidora de sua própria gramática e sintaxe[48]. A linguagem simbólica se desenvolve em várias claves e pautas, transforma-se e é transformadora.

Um dos objetivos principais de nosso trabalho é o estudo dessa linguagem. Não nos preocupamos em fazer o debulhamento da imagem simbólica, ou dissecá-la intelectualmente. Nós nos esforçamos para entender a linguagem dos símbolos, colocando-nos na posição de quem aprende ou reaprende um idioma.

Marie-Louise von Franz compara a procura do sentido dos símbolos à tentativa de alcançar, seguindo-lhe as pegadas, um cervo fugitivo particularmente ágil. O caçador deverá adestrar-se por meio de longos exercícios até tornar-se capaz de empreender seu objetivo. A captura do cervo é sempre delicada, pois o animal deve ser apanhado vivo. Outros métodos e técnicas mais fáceis ensinarão a esquartejar o cervo, a dissecar-lhe as vísceras para examiná-las aos pedaços. O método que M.-L. von Franz desenvolve vê em cada imagem simbólica um organismo vivo que encerra em seu âmago profundas significações.

Na intenção de realizar pesquisas sobre o desdobramento do processo psicótico por meio de imagens simbólicas, reuni séries de desenhos, pinturas e modelagens. Esse rico material, colecionado a partir de 1946, constituiu o acervo do Museu de Imagens do Inconsciente, que reunia em 1990 cerca de trezentas mil obras. Em visita ao museu, em 7 de junho de 1978, Ronald Laing, referindo-se ao nosso método de trabalho sobre séries de imagens, escreveu: "Confio na continuidade e na expansão desse trabalho. Trata-se de uma coleção que já tem fama internacional. Espero que as autoridades locais reconheçam seu alto valor e façam o possível para facilitar seu futuro desenvolvimento, pois representa uma contribuição de grande importância para o estudo científico do processo psicótico"[49].

O pesquisador encontrará nos arquivos do Museu de Imagens do Inconsciente longas séries de imagens, datadas e reunidas segundo os respectivos autores. Poderá acompanhar, por meio dessas sequências de imagens, o fio significativo do processo psicótico, assim como temas recorrentes, enigmáticos, que desafiam os especialistas de diferentes áreas.

A pesquisa no museu é marcadamente interdisciplinar, permitindo assim uma troca constante entre experiência clínica, conhecimentos teóricos de psicologia e de psiquiatria, antropologia cultural, história, arte, educação.

A filosofia do museu adere ao pensamento de Aldous Huxley, quando se refere à deficiência da nossa educação em nível não verbal. "O que é necessário é um treinamento sobre os níveis não verbais de nosso ser total que seja tão sistemático quanto o treinamento que atualmente é dado a crianças e adultos no nível verbal"[50].

---

48. FROMM, E. *The Forgotten Language*. Nova York: Rinehart, 1951, p. 7.
49. Livro de visitantes do Museu de Imagens do Inconsciente.
50. HUXLEY, A. "Human Potentialities". In: *Bull Menninger Clin*, 25 (n. 2), 1961, p. 63-68.

6
Rituais: imagem e ação

As sociedades humanas primitivas praticavam rituais nas ocasiões mais significativas da vida: nascimento, iniciação na vida adulta, caça, guerra, casamento, morte, sepultamento, bem como nos momentos mais marcantes do curso da natureza: rituais ligados à semeadura, à colheita, aos solstícios de verão e de inverno etc. Assim, ficavam marcados os grandes acontecimentos do curso da vida, e toda a comunidade participava deles. Se seguirmos seus traços, vamos encontrar nos rituais primitivos a origem de dramas, danças, jogos, práticas religiosas e costumes humanos que persistem até hoje, sob várias formas.

Embora tenham, no curso do tempo, passado por transformações, de acordo com o desenvolvimento da consciência, essas práticas conservam núcleo idêntico, intacto, pois exprimem fatos psicológicos básicos da vida humana e de suas relações com a natureza.

O homem arcaico povoa o mundo de um infinito número de seres espirituais, benéficos ou maléficos, aos quais atribui a causa de todos os fenômenos naturais. São eles que animam não só o reino vegetal e o animal, mas também o mineral, aparentemente inerte. Essa visão do mundo foi chamada pelos cientistas de *animismo*. De fato, o que ocorria era a transferência para o mundo externo de estruturas da própria psique do homem arcaico. A necessidade prática de agir sobre a natureza levou o homem a elaborar procedimentos mágicos dentro de sua concepção animista do mundo.

O tema dos rituais tem sido muito pesquisado por antropólogos e historiadores das religiões. Mas seu estudo no campo da psiquiatria não teve ainda o lugar que merece, dada sua importância.

A psicanálise descobriu que a atitude e o comportamento mágicos podem ser encontrados em todas as neuroses. Freud investigou particularmente a neurose obsessiva, criando o conceito de *onipotência das ideias* – pensamentos e desejos do indivíduo seriam fatalmente acompanhados de sua realização. Seus atos obsessivos teriam o poder de afastar as ameaças que o atormentam, daí repeti-los constantemente. Essa atitude e as superstições que dominam sua vida, diz Freud, mostram como esses doentes se acham próximos dos *selvagens,* que acreditam poder transformar o mundo exterior por meio de suas ideias e atos mágicos[1].

Entretanto, na área da psiquiatria, são muito raros os estudos referentes aos estranhos atos dos psicóticos e às dramatizações que possam fazer de suas visões.

---

1. FREUD, S. *Obras Completas*, II, p. 465.

Notável exceção encontra-se nos trabalhos de Sechehaye. Ao lado do método da *realização simbólica,* sua grande descoberta, ela propõe ainda uma técnica mágica de tratamento, por meio da qual consegue diminuir, e mesmo suprimir, sintomas. Renée estava com uma mancha de tinta vermelha na mão e gritava: "Eu cometi um crime!" Então Sechehaye abriu a mão de Renée e, soprando-a, disse: "O crime desapareceu". A culpabilidade dissipou-se e a agitação cessou quase inteiramente.

Ainda com maior força e amplitude que nos neuróticos, funcionava na jovem Renée, segundo observou Sechehaye, a onipotência do pensamento, mas com novas características. Enquanto o neurótico, se não realizar seus rituais, sofre e os substitui pela angústia, *Renée,* psicótica, substituía um ritual que lhe era impossível praticar por outro, transferindo facilmente o poder mágico para outro ritual[2].

O ponto de partida para o estudo dos rituais em psiquiatria parece encontrar apoio no conceito de arquétipo da psicologia junguiana, que estabelece uma estreita correspondência entre as disposições herdadas para configurar imagens e as disposições herdadas para a ação. A energia contida na estrutura básica e irrepresentável do arquétipo configura-se na imagem arquetípica. Essas imagens foram repetidamente observadas por Jung em mitos e contos de fada da literatura mundial. Ele encontrou também os mesmos motivos em fantasias, sonhos, delírios e alucinações.

Aliás, suas primeiras observações desse gênero foram feitas em hospital psiquiátrico. Diz Jung: "A prova mais demonstrativa dessa afirmação é encontrada na psicopatologia dos distúrbios mentais que se caracterizam pela irrupção do inconsciente coletivo. É o que acontece na esquizofrenia, em cujos sintomas podemos observar frequentemente a emergência de impulsos arcaicos em conjunção com inegáveis imagens mitológicas"[3]. "O ritual dramatiza as ocorrências vivas de significação arquetípica"[4].

Deveria ser, portanto, observada e procurada a significação das expressões motoras que acompanham as representações delirantes. Mas, se muito pouca atenção é de ordinário dada pelo psiquiatra às ideias delirantes e alucinações, menor atenção ainda é concedida às expressões motoras do esquizofrênico. Fala-se de excitação psicomotora, mímica e gestos extravagantes, estereotipias, ações compulsivas, negativismo, inadequada manifestação dos afetos etc., sem se cogitar do sentido psicológico que possa existir sob essas estranhas perturbações do comportamento.

Na sintomatologia da esquizofrenia verifica-se uma mistura de conteúdos pessoais e coletivos, com predominância dos símbolos coletivos. Estes últimos constituem, por sua própria natureza, material arcaico por excelência. Compreende-se que a conexão entre delírio e ato torne-se cada vez menos apreensível, à medida que os conteúdos coletivos sejam mais arcaicos e surjam mesclados entre si.

Para enfrentar a tarefa de decifrar ideias e atos do esquizofrênico, será necessário ao investigador, além de um preciso informe da história pessoal do doente, equipar-se de conhecimentos que estão ausentes do currículo de sua formação. Será necessário o estudo de mitologia, história das religiões e das civilizações, antropologia cultural, história da arte.

Desde o início de nosso século, os pesquisadores que se debruçaram sobre o estudo de mitos e rituais reconheceram que, por seu intermédio, as diversas culturas do mundo encontraram meio de exprimir suas emoções coletivas. Do mesmo modo, diz o psiquiatra da linha junguiana John Perry, os psicoterapeutas que estudaram os processos intrapsíquicos chegaram à mesma conclusão, isto é,

---

2. SECHEHAYE, M.A. *La Réalisation Symbolique.* Berna: Hans Huber, 1947, p. 71.

3. JUNG, C.G. *The Collected Works,* 8, p. 138.

4. Ibid., 11, p. 192.

que as imagens simbólicas formadas no inconsciente constituem a substância da qual é feita a vida psíquica emocional. Cada emoção é acompanhada de uma imagem, e cada imagem, de dinamismo correspondente. *As emoções se configuram por meio de imagens simbólicas muito próximas das imagens de mitos e rituais.* Essa é a linguagem da psique inconsciente.

Perry trabalhou como psicoterapeuta junto a doze jovens esquizofrênicos, na Califórnia, e chegou à conclusão de que todos vivenciaram um tema mítico principal, que se apresentava em fragmentos, como se visto através de um caleidoscópio. O tema mítico estudado por Perry é o da *renovação do reino,* que se revelava em imagens e rituais arcaicos de renovação na sintomatologia de seus doentes. O mundo interno do psicótico não se assemelha à realidade dos tempos presentes, mas poderá ser reconhecível como uma visão do cosmos familiar sob forma mítica e ritualística pertencente a épocas arcaicas[5].

Essa interpretação de Perry está bastante próxima da visão de Ronald Laing quanto à situação do indivíduo que é internado em instituição psiquiátrica. "Em vez do cerimonial degradante do exame psiquiátrico, diagnóstico e prognóstico, precisamos, para aqueles que se encontrem preparados para tal viagem, de um cerimonial de iniciação, por meio do qual o indivíduo será guiado com pleno encorajamento e sanção social, no espaço e no tempo interiores, por pessoas que ali estiveram e regressaram"[6].

São múltiplas as funções psicológicas dos rituais.

O estudo da história das religiões mostra que rituais são usados sempre que se impõe a necessidade de lidar com os deuses e com as forças que as divindades desencadeiam, ou seja, com as imagens arquetípicas de alta carga energética que as representam. Desde os tempos arcaicos, mil precauções são tomadas para entrar em contato com o sagrado. Complicados cerimoniais são elaborados como meios instintivos de defesa. Constituíram-se assim rituais, sempre realizados da mesma maneira, exatamente repetidos, etapa por etapa, condição indispensável para a sua eficácia, bem como para a proteção daqueles que os executam.

Em linguagem psicológica, Jung interpreta os rituais como recursos instintivos de defesa para apaziguar a ansiedade diante das grandes forças originadas na profundeza do inconsciente. "Os rituais constituem represas para conter os perigos do inconsciente. Com esse objetivo, o homem arcaico construiu instintivamente as barreiras dos rituais, e ainda hoje, em situações psíquicas de ameaçadora desordem, os mesmos procedimentos são postos em ação"[7].

Vejamos a seguir imagens configuradas no atelier do nosso museu, que nos permitem vislumbrar o jogo de forças psíquicas atuantes nos rituais arcaicos.

Dança

As primeiras formas de rituais consistiam em danças. Os gestos, os movimentos rítmicos, constituem uma linguagem que vem do mais profundo do inconsciente e antecede a palavra como meio de comunicação.

---

5. PERRY, J.W. *The Far Side of Madness.* Nova York: Prentice Hall, 1974, p. 3.
6. LAING, R.D. *A política da experiência.* Petrópolis: Vozes, 1974, p. 95.
7. JUNG, C.G. Op. cit., 9, p. 22.

Por meio da dança o homem reage ao mundo exterior, tenta apreender seus fenômenos e, simultaneamente, põe-se em contato com o mais profundo do seu *ser*. Os movimentos rítmicos permitem criar e integrar as representações surgidas em sonhos e imaginações. No seu dinamismo, as imagens arcaicas manifestam-se adequadamente por meio das formas de expressão mais antigas do homem, que são o gesto e a dança.

Antes de exprimir em imagens sua experiência da vida, o homem a traduzia por meio de seu corpo. Alegria, tristeza, amor, terror, nascimento, morte; tudo para o homem primitivo era oportunidade para dançar. Instintivamente, ele tentava ordenar seus violentos tumultos emocionais por meio de movimentos rítmicos, isto é, da dança.

Na esquizofrenia, há uma volta ao mundo arcaico. Por isso não é raro vermos em esquizofrênicos mímica e gestos extravagantes que nos parecem completamente incompreensíveis. Estão, no entanto, carregados de sentido.

É o que frequentemente acontece nos estados agudos, quando a agitação muitas vezes toma características de dança.

Octávio foi internado em estado de intensa excitação psicomotora. Saltava e dava gritos. Por ocasião da internação, disse ao médico que estava dançando uma *dança de índio*. Pouco tempo depois de frequentar o atelier de pintura, relembra a dança de índio, decerto muito significativa para ele (fig. 1).

Figura 1
Octávio Ignácio, 1972,
lápis cera e grafite sobre cartolina,
36,8 x 55,5 cm, [T4548]

Igualmente significativas para Octávio são as danças negras, não só por ser ele negro, mas pelo fato de essas danças caracterizarem-se marcadamente por seu arcaísmo (fig. 2). Jung frisa que "o estado esquizofrênico, na medida em que permite a irrupção de material arcaico, revela as mesmas qualidades numinosas que nas culturas primitivas são atribuídas a rituais mágicos"[8].

Figura 2
*Octávio Ignácio, 1966,
guache sobre papel,
48,1 x 32,8 cm, [T4550]*

Figura 3
*Carlos Pertuis, 1955,
óleo sobre papel,
33,3 x 23,5 cm, [T3090]*

Também aparecem na esquizofrenia representações muito próximas de imagens plasmadas em religiões antigas. Seguem-se exemplos de desenhos e de pinturas comparáveis a imagens que nos foram legadas pela religião de Dioniso – dança, música, êxtase.

Aqui remetemos à dança orgiástica de mulheres desenhada por Octávio e às mênades pintadas por Carlos, representantes das forças elementares da natureza[9].

Outra pintura de Carlos mostra uma jovem que dança com o tronco fortemente fletido para trás, postura cuja intenção, segundo os rituais sagrados, é conduzir rapidamente ao êxtase (fig. 3). Essa postura é encontrada com muita frequência em baixos-relevos antigos, representativos de rituais em honra de Dioniso.

---

8. Ibid., 3, p. 243.
9. SILVEIRA, N. *Imagens do inconsciente*, cap. 8, figs. 4 e 7.

Os rituais do fogo estão entre os mais antigos celebrados pelo homem, acompanhados de cantigas e danças que reuniam o sagrado e o profano.

Estes rituais arcaicos prolongaram-se nos festejos de São João. O ponto de partida da pintura (fig. 4) foi a festa junina do hospital, que se resumiu numa decoração com bandeirolas. A pintura de Carlos vai muito além, reativando imagens arquetípicas no inconsciente coletivo.

Figura 4
*Carlos Pertuis, 1951,
óleo sobre tela,
32,5 x 54,8 cm, [T84]*

De cada lado da fogueira, simetricamente colocados, oito homens de joelhos, de mãos cruzadas, roupas iguais e pulseiras, parecem pertencer a uma mesma confraria. Todos olham a fogueira, que ocupa o centro da pintura e acima da qual se vê um grande balão. Aqui ressurge o ritual arcaico do fogo, com suas típicas conexões entre fogo e sexualidade. O fogo representa o elemento masculino, e o balão, o elemento feminino.

Em tela pintada logo após a anterior (fig. 5), a conjunção entre masculino e feminino exprime-se pela dança de sete pares, todos vestidos uniformemente e usando as mesmas pulseiras. Apenas um homem está sozinho, com vestes de palhaço, e olha uma bandeira sobre a qual se vê uma estrela. Sol e lua simultaneamente presentes.

Assim, as danças do fogo mais universalmente praticadas foram as da noite de São João, que coincidiam com as arcaicas comemorações do solstício de verão. Rapazes e moças cantavam e dançavam de mãos dadas em torno de fogueiras, a fim de lograr um matrimônio feliz, a fertilidade dos campos, a proteção contra o mal.

Na pintura de Carlos, apenas um homem está só, não integrado às danças dos pares festivos. Ele olha uma estrela, seu par distante.

Figura 5
*Carlos Pertuis, 1951,
óleo sobre tela,
32,9 x 55 cm, [T83]*

Rituais da Grande Mãe

A imagem da mãe é o mais poderoso e universal dos arquétipos. Encerra amor, aconchego, apoio, sabedoria, sedução e também um aspecto misterioso, escuro, perigosamente devorador.

A mãe pessoal, revestimento deste arquétipo, é o primeiro ser feminino com o qual o homem tem contato.

Não surpreende, portanto, que sejam tão estreitas as ligações do futuro homem com sua mãe, nem que ele encontre tanta dificuldade em se desvincular dela para seguir, independente, seu desenvolvimento.

As sociedades primitivas estabeleceram ritos de passagem da infância ou da adolescência para a idade adulta, obrigatórios para todos os membros da comunidade.

Os rituais de iniciação da puberdade começam sempre por um ato de ruptura: o adolescente é separado da mãe, de maneira mais ou menos dramática, segundo as tribos. A separação significa ruptura com o mundo da infância, que é o mundo materno, situação de irresponsabilidade, de ignorância e de sexualidade maldefinida.

Os distúrbios psíquicos e desajustes sociais podem decorrer de fracasso do indivíduo no encontro de seu destino arquetípico, ou seja, do malogro na passagem de uma fase do ciclo da vida onde se encontra para o ciclo seguinte. Os rituais de iniciação constelam os arquétipos correspondentes a essa etapa de desenvolvimento para a vida adulta, funcionando, assim, como um processo evolutivo.

As sociedades modernas não consideram seriamente esse difícil momento na vida do homem. Carlos é um exemplo típico do jovem que não conseguiu assumir a condição de adulto. Único homem de uma família que se compunha de mais quatro irmãs, foi muito mimado pelos pais, sobretudo pela mãe. Às vésperas de morrer, o pai chamou-o e disse-lhe que, sendo ele o único homem da família, deveria assumir as responsabilidades de chefe da casa. Carlos perturbou-se muito diante de semelhante encargo, deixou de estudar e empregou-se numa fábrica de sapatos. Era de estrutura física frágil, imaturo psicologicamente. Uma natureza sensível e religiosa. Aos vinte e nove anos, ficou doente, foi internado, permanecendo no hospital trinta e oito anos, até sua morte. Muitos aspectos de sua vida intrapsíquica ficaram fixados em sua abundante produção plástica.

Uma série de suas pinturas reflete as tentativas difíceis de separação mãe-*anima*. Na primeira, vê-se uma jovem aderida à figura de imponente busto da Grande Mãe. A distância que as separa aumenta pouco a pouco nas pinturas seguintes, sem que seja obtida completa separação (fig. 6A e 6B).

Noutra pintura, a jovem acha-se no interior de uma espécie de cápsula transparente, ajoelhada, prestando culto à Grande Mãe. Através de uma janela, uma figura de homem, representando o ego, observa, mas não participa da cena interior[10].

Figura 6A
Carlos Pertuis, 1955,
óleo sobre papel,
28,1 x 19,8 cm, [T5927]

Figura 6B
Carlos Pertuis, 1955,
óleo sobre papel,
28,4 x 19,3 cm, [T5921]

---

10. Ibid., cap. 5, fig. 18.

Assim, os autorretratos da situação interna de Carlos mostram a *anima* sempre sob o domínio da Grande Mãe. Carlos não consegue cortar os laços entre a imagem da mãe e a imagem da *anima*, como seria necessário para seu desenvolvimento de homem maduro.

Nas pinturas de Carlos surgem também rituais de fertilidade ligados à Grande Mãe (fig. 7). De um lado, mulher ajoelhada, e do outro, mulher de pé, imponente, mãos em posição de prece. Entre elas, círculos concêntricos, recobertos de ramos e flores. Ao centro, o círculo amarelo, contornado de matéria branca que se derrama, parece um ovo partido, e a cena sugere um ritual de fertilidade.

Figura 7
*Carlos Pertuis, 1956,
óleo sobre tela,
46,3 x 38,3 cm, [T159]*

Tela pintada no dia seguinte, que revela a continuidade de acontecimentos intrapsíquicos (fig. 8). Entre duas mulheres há um grande vaso, dentro do qual se vê um ovo com uma cruz no centro, indicação, segundo a tradição, de que o ovo está fecundado. A atitude das mulheres é de expectativa em relação ao fenômeno que se realiza no interior do vaso.

O vaso está estreitamente ligado ao feminino. Foi a mulher do período neolítico que deu forma em barro aos primeiros vasos. Nos tempos arcaicos, o vaso, como veículo

Figura 8
*Carlos Pertuis, 1956,
óleo sobre tela,
33 x 41,3, [T57]*

119

Figura 9
*Carlos Pertuis, 1957,
óleo e grafite sobre papel,
44,2 x 32,7 cm, [T3261]*

de ação mágica, tinha importante papel nos rituais da Grande Deusa e era mesmo a ela identificado. Essa identificação estava profundamente enraizada nas antigas concepções religiosas da maior parte do mundo. Nessa pintura de Carlos o vaso contém um ovo, desempenhando assim sua principal função: receptáculo de vida em desenvolvimento.

A fórmula simbólica universal para o período arcaico da humanidade poderá ser sintetizada pela igualdade mulher, vaso, mundo. Essa é a fórmula básica do estágio matriarcal, isto é, da etapa na qual o feminino prepondera sobre o masculino, o inconsciente sobre o consciente[11].

Duas mulheres, uma de cada lado do vaso, com as mãos cruzadas sobre o sexo, na ponta dos pés, observam o vaso (fig. 9).

Em Elêusis, entre as vestais de Roma, e também no Peru, os vasos sagrados permaneciam sob o exclusivo cuidado de sacerdotisas.

Um aspecto estreitamente ligado à essência da Grande Mãe é sua relação com o mundo dos vegetais e dos animais. Entre a Grande Mãe e o mundo animal não há hostilidade, quer a Grande Mãe se relacione com animais selvagens ou com animais dóceis e domesticados. Não só a psicologia o afirma, mas também a antropologia, que correlaciona o feminino à agricultura e à domesticação de animais. Nos mitos, o deus ou o herói masculino habitualmente combate e domina o animal. Mas entre aqueles e a Grande Mãe nunca há antagonismo[12].

A deusa, como a árvore, proporciona alimento, sombra, proteção. Exprime vida, geração, crescimento, qualidades que a faziam adorada na antiguidade.

---

11. NEUMANN, E. *The Great Mother*. Londres: Routledge Kegan Paul, 1955, p. 43.
12. Ibid., p. 272.

Segue-se, para exemplificar, o desenho de Adelina: mulheres, com as mãos erguidas em prece, adorando uma árvore como imagem da Grande Mãe, muito semelhante a um baixo-relevo e a um papiro egípcio (fig. 10).

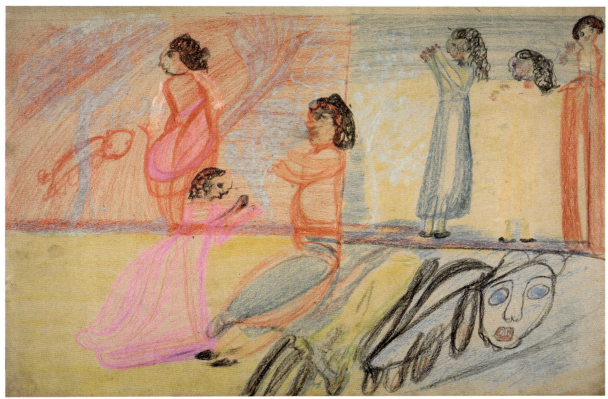

Figura 10
*Adelina Gomes, 1951,
lápis cera sobre papel,
38,2 x 56 cm, [T3633]*

Serpente

O simbolismo da serpente é amplíssimo. Símbolo sexual, de sabedoria, prudência, astúcia, representação do demônio, morte, transformação, renascimento.

Em linguagem psicológica, pode-se dizer, de um modo geral, que a serpente é um adequado símbolo do inconsciente em seu todo, exprimindo suas súbitas mudanças, suas intervenções inesperadas e perigosas, geradoras de angústia[13].

De maneira particular, é como símbolo sexual que seu aparecimento é mais comum.

A serpente aparece com muita frequência em sonhos, alucinações, delírios, produções plásticas dos esquizofrênicos.

No Museu de Imagens do Inconsciente encontram-se inumeráveis serpentes pintadas por diferentes frequentadores de nosso atelier, possuindo as mais diversas conotações simbólicas.

---

13. JUNG, C.G. Op. cit., 5, p. 374.

O feminino pode tomar a forma de um vaso, cesta, ânfora, ou aparecer em forma humana como deusa ou sacerdotisa, trazendo a serpente em seus braços ou enrolada em torno do corpo. Em qualquer desses casos, confirma-se a relação estreita entre a Grande Mãe e a serpente, segundo exemplificam vários desenhos de Octávio (fig. 11). As representações quase sempre se referem à relação entre o feminino e o símbolo masculino de procriação.

Em seu múltiplo simbolismo, a serpente encarnará ainda as forças ameaçadoras do mundo subterrâneo, do inconsciente. As imagens pintadas pelos psicóticos não representam meras alegorias. São algo vivo. Certo dia, Carlos entrou na sala de estudos onde se encontrava uma pintura sua suspensa à parede, na qual se via uma grande serpente emergindo entre névoas do plano inferior (fig. 12). Olhando a pintura, Carlos disse, agitadamente, dirigindo-se à equipe que ali estava trabalhando: "Ih! mas que cheiro de cobra, tá um cheiro de cobra que tá danado!" Dizendo isso, pegou a pintura da serpente e virou-a contra a parede. Mais tarde Carlos retirou a pintura e escondeu-a na oficina de encadernação. Decerto, essa pintura representava para Carlos uma realidade ameaçadora.

Figura 11
*Octávio Ignácio, 1974,
lápis cera e grafite sobre papel,
55,2 x 36,5 cm, [T9081]*

Ainda de Carlos: grupo de pessoas, todas de vestes brancas, celebram um culto de adoração a serpentes, no qual se destaca, à direita, um celebrante com os braços ritualisticamente estendidos para uma das serpentes (fig. 13). No caso de seu autor, esse ritual tem provavelmente a significação de apaziguamento das perigosas forças do inconsciente, de domesticação de pulsões instintivas simbolizadas pela serpente[14].

A ideia de transformação e renovação por intermédio da serpente tem fundamentos arquetípicos que podem ser encontrados, com frequência, na história da humanidade. Nos mistérios ofitas, os cerimoniais eram celebrados com as serpentes vivas, que eram mesmo beijadas. Animal que muda de pele e se renova, a serpente é também utilizada em rituais como instrumento de regeneração.

---

14. Cf. paralelo histórico em Jung, C.G. Op. cit., 5, prancha LVIIb, p. 274.

Figura 12
*Carlos Pertuis, sem data,
óleo sobre papel,
33,3 x 49 cm, [T6732]*

Figura 13
*Carlos Pertuis, 1951,
óleo sobre aglomerado,
49,1 x 67,2 cm, [T3111]*

Figura 14
*Carlos Pertuis,
sem data,
óleo sobre papel,
36 x 53,7 cm,
[T3106]*

Do mesmo autor, continua a tentativa de domar as exigentes pulsões instintivas (fig. 14). O homem procura capturar as serpentes no interior de uma garrafa. De fato, algumas dirigem-se ao bocal da garrafa, não se sabe por qual encantamento mágico praticado pelo homem. Mas não todas. Uma das serpentes lança-se como uma flecha para mordê-lo. A mordida da serpente venenosa, diz Jung, pode ser comparada às exigências de pulsões instintivas inconscientes que agem principalmente como um veneno paralisante sobre a capacidade do homem de utilizar seus recursos de ação[15].

Há uma curiosa analogia entre essa pintura e um conto popular recolhido por Grimm – *O gênio da garrafa*. No conto, o rapaz consegue capturar o gênio que o ameaça, e o autor dessa pintura tenta também aprisionar as forças do inconsciente que o assaltam.

Um cortejo caminha da direita para a esquerda (fig. 15). No centro veem-se duas figuras sacerdotais. Três serpentes dirigem-se para uma imponente mulher de pé, busto nu, que lembra a Grande Mãe de Creta, sempre representada com o busto nu e conhecida pela denominação *deusa das serpentes*. A passagem do cortejo é assistida por numeroso grupo de pessoas, dando a ideia de que se trata de um ritual religioso em honra da Grande Deusa.

O estudo de cenas ritualísticas praticadas ou imaginadas por psicóticos conduz inevitavelmente a pesquisas referentes à história da psique. A serpente é dos mais antigos símbolos de fertilidade em conexão com a Grande Mãe, tendo sido venerada como divindade da vegetação. Eis-nos no mundo matriarcal, onde a serpente é ao mesmo tempo atributo feminino e atributo masculino, ambos incluídos na unidade que é a essência da Grande Mãe.

---

15. Ibid., p. 298.

Figura 15
Carlos Pertuis, 1953,
óleo sobre tela,
49,5 x 61 cm, [T82]

Sacrifício

Sacrifício é, por definição, a oferenda feita a uma divindade com a meta de obter favores, alcançar perdão para culpas, render graças, purificar-se.

A história das religiões menciona oferendas de frutos da terra e de flores. Mas na maioria das religiões, desde os tempos mais recuados, a prática sacrificial mais constante é a do sacrifício de animais realizado ritualisticamente pelo feiticeiro ou pelo sacerdote, seja incinerando-os (os chamados holocaustos), ou cortando-lhes as jugulares, em sacrifício sangrento.

Muito se poderia especular sobre a psicologia do sacrifício. Aqui, face às imagens que serão apresentadas, destacaremos, como principal e mais profundo significado do sacrifício, a projeção, sobre a vítima, da obscura intenção do homem de domar sua própria vida instintiva, isto é, de sacrificar o animal existente nele mesmo, ou de transpor para o animal sacrificado suas próprias culpas a fim de expiá-las.

Em todas as épocas e lugares o homem vivenciou, em graus diferentes, como uma necessidade básica, o impulso a ultrapassar a total submissão à instintividade e caminhar para a conquista do desenvolvimento de novos níveis de consciência.

Lançando um golpe de vista sobre as diferentes atitudes do homem em face do sacrifício, percebe-se, desde logo, na história das religiões, um fio evolutivo que caminha dos sacrifícios sangrentos para os sacrifícios incruentos, paralelo à subida de níveis de consciência do homem. "Se o indivíduo atingir um nível de diferenciação de consciência que lhe permita recolher as projeções de seus próprios instintos, desordenadamente lançadas sobre animais externos, e for capaz de confrontar repetidamente essas projeções, e mais, livre de arrogante presunção, conseguir integrá-las à sua própria personalidade, estará muito perto de realizar-se como um ser humano total"[16].

Na pintura de Adelina (fig. 16), mulheres sacrificam o boi. Muitas religiões antigas realizavam sacrifícios semelhantes, executados por mulheres, em honra da Grande Mãe, não só significando o sacrifício da própria instintividade, mas também o aumento da fertilidade da terra, "pois a terra, representando o aspecto criativo do feminino, rege a vida vegetal e guarda o segredo da mais profunda e original forma de concepção e geração sobre a qual toda a vida animal está baseada"[17].

Figura 16
*Adelina Gomes,
1953,
óleo e guache sobre tela,
38 x 45,9 cm, [T210]*

Sacrificadoras e vítima estão pintadas do mesmo vermelho-vivo, indicando que o ritual será sangrento e que vítima e imoladoras se identificam.

Octávio não gostava do bem-te-vi. Esse pássaro, repetindo "bem te vi, bem te vi", parecia estar denunciando, espionando seus mais secretos impulsos instintivos. Queria matar o bem-te-vi. Fazia atiradeiras para exterminar todos os bem-te-vis.

Um dia, o artista plástico José Paixão foi ao atelier de Engenho de Dentro e registrou o seguinte fato: "Octávio apontou o quadro-negro. Escrevera a palavra *Varsóvia* e mais abaixo, *Bentóvia*. Depois mostrou na cadeira o pássaro bem-te-vi cercado por uma tira de câmara de pneu. Perguntei: 'Está morto?' Octávio confirmou com a cabeça, e disse:

---

16. SILVEIRA, N. *A farra do boi*. Rio de Janeiro: Numem, 1989, p. 75.
17. NEUMANN, E. Op. cit., p. 51.

– Eu ia passando com desejo de caçar com a atiradeira. Ouvi um guincho e o bem-te-vi caiu nos meus pés.

– Por que Varsóvia e Bentóvia?

– Varsóvia foi fundada por caçadores. Bentóvia é uma cidade de pássaros e viveiros.

Octávio então constrói o mito de Varsóvia e Bentóvia (fig. 17). Em Varsóvia existiam dois povos: os caçadores possuidores de espingardas, e outros, donos de pólvora. Eles se reuniram para invadir Bentóvia, mas foram impedidos pelos guinchos do bem-te-vi. Então fizeram uma aposta: aquele que encher um litro com palavras terá o direito de matar o pássaro. Os dois encheram o seu litro e empataram. E assim foram salvos: Bentóvia da invasão e o bem-te-vi da morte."

Figura 17
*Octávio Ignácio, 1969,
lápis-cera sobre papel,
34 x 49,6cm, [T8044]*

Temos aqui o flagrante de uma criação mítica conjugada a um ritual mágico. A psiquiatria tradicional lhes daria a denominação de ideia delirante e ato absurdo simultâneos.

Esse ritual exprime a atitude de Octávio em relação ao pássaro que encarna sua consciência moral. Deseja sacrificá-lo e, ao mesmo tempo, glorificá-lo. Assim, o pássaro aparece, em pintura feita no mesmo dia, sacrificado e exaltado, ocupando o centro de um círculo, numa evidente demonstração da *função formadora de mitos* existente na psique (fig. 18).

Figura 18
*Octávio Ignácio, 1970,
lápis-cera sobre papel,
32,4 x 46,3 cm, [T3101]*

Esse fenômeno, que parecerá estranho à nossa atual mentalidade, mostra em imagens de intensa carga afetiva, configuradas por um psicótico e amalgamadas à ação, que mito e ritual são a linguagem da psique profunda, forjada por projeções de vivências dominantes de acordo com os estados do ser do indivíduo.

Rituais diversos

Imagens pintadas por Carlos. Encruzilhada: cruzamento de caminhos, cruzamento de aspectos diversos da personalidade exigindo opção (fig. 19). Lugar de aparições de divindades terríveis, onde o homem lhes propicia dávidas. Exu é chamado o "homem das encruzilhadas". Sobre o solo, uma cruz de braços recurvados em sentidos opostos acentua a situação conflitiva e a árvore de grandes frutos brancos simboliza a possibilidade de renovação da atitude consciente.

Figura 19
*Carlos Pertuis, 1960,
óleo sobre tela,
72,5 x 59,5 cm, [T506]*

Junto a uma cascata, um homem trajando vestes estranhas tem entre as mãos um cibório negro (fig. 20). O cibório é o vaso onde são colocadas as hóstias consagradas nas igrejas católicas. E sempre de ouro ou dourado. À esquerda, outro personagem sustenta uma cruz alta. A cascata sugere rituais de macumba. Repete-se o sincretismo entre elementos pagãos e cristãos. Observe-se em toda essa série de rituais a predominância de representações pagãs. Quando aparecem símbolos cristãos, acham-se sempre ao lado de símbolos de religiões arcaicas.

No estudo de Marie-Louise von Franz sobre as visões de Nicolas de Flue são postas em relevo estreitas aproximações de símbolos pagãos e cristãos. Por exemplo, a visão do peregrino revestido de pele de urso, tal como acontecia em aparições do deus germânico Wotan, e que cantava "Aleluia", palavra cristã por excelência, saudando Nicolas de Flue. Outros exemplos do mesmo gênero, observa M.-L. von Franz, revelam a tendência do inconsciente coletivo a desenvolver e elaborar símbolos religiosos cristãos.

No caso de Carlos, observa-se um fenômeno inverso – os símbolos pagãos tendem a absorver os símbolos cristãos, fenômeno que se explicaria pelo mergulho em profundeza percorrido por Carlos, que chega a configurar símbolos das religiões mitraica e egípcia[18].

O homem confia mensagem a um grande pássaro branco (fig. 21). Em plano inferior, um cão negro, animal ctônico, marca o contraste com o pássaro branco. Note-se, porém, que o cão negro tem malhas brancas. O grande pássaro branco, próximo de uma carta, parece tentar a difícil função de relacionamento entre consciente e inconsciente.

Figura 20
*Carlos Pertuis, 1962,
óleo sobre tela,
65 x 54 cm, [T67]*

Figura 21
*Carlos Pertuis, 1950,
óleo sobre cartão,
43,5 x 54,1 cm, [T3110]*

---

18. SILVEIRA, N. *Imagens do inconsciente*, cap. 10.

Eis um poema de Carlos:

> "Oh mata por mim lembrada
> inesquecível floresta
> Caminho sonolento ao cantar
> dos pássaros mensageiros."

O autor deu título à próxima tela: *Carmem tocando harpa*. A *anima* toca harpa, o instrumento que lança uma ponte entre a terra e o céu. Acorrem pássaros antropomorfizados, simbolizando intuições ou aspectos espirituais da personalidade (fig. 22).

Figura 22
Carlos Pertuis, 1959, óleo e lápis-cera sobre tela, 65 x 46 cm, [T30]

A presença dos astros é frequente nos delírios dos esquizofrênicos e em sua produção plástica. Homem vestindo manto, com incensório nas mãos, rende culto a uma estrela (fig. 23).

Figura 23
*Carlos Pertuis, sem data,
óleo sobre papel,
47,7 x 61 cm, [T3085]*

De um poema do autor:

"Oh estrela irradiante
Diz-me se no céu está
de joelhos a ti rezar".

Desde milênios os homens jamais deixaram de tentar captar a imagem do sol, esculpindo-a ou gravando-a em pedra, madeira, ou evocando sua imagem no desenho ou na pintura. O astro foi um deus para nossos ancestrais e permanece o símbolo de todas as forças celestes e terrestres, o regulador de todos os aspectos da vida. Sua veneração é encontrada através dos tempos, alcançando grande desenvolvimento, sobretudo no Egito, Peru, México, países onde a organização política e o culto do sol atingiram o apogeu. E, ainda em nossos dias, o sol desperta inumeráveis imagens e símbolos.

Testemunhos da grande importância e da permanência do símbolo do sol na vida psíquica são as imagens configuradas livremente, em nossos dias, no Hospital de Engenho de Dentro.

Pintura de uma mulher. Escadaria dupla conduz ao sol. De cada lado, uma figura humana nos degraus iniciais da longa subida[19].

Homem de braços erguidos em adoração ao sol recebe um de seus raios diretamente sobre os olhos[20]. Essa cena é repetidamente encontrada nas religiões arcaicas, sobretudo no Egito.

A adoração ao sol representa o impulso para emergir das trevas do inconsciente. Esse impulso move-se no sentido do desenvolvimento psicológico do homem na busca de consciência.

---

19. Ibid., cap. 19, fig. 5.
20. Ibid., cap. 10, fig. 4.

7
Simbolismo do gato

Todo ser humano tende no seu interior a esforçar-se para crescer, para universalizar-se. E universalizar-se significa encontrar ligações a seres e coisas, mesmo àquelas que pareçam distantes dele mesmo. Muitos critérios poderão ser tomados para situar este ou aquele homem na etapa em que se encontra, na longa caminhada que tem à sua frente.

Um critério, por exemplo, poderá ser a atitude face às produções artísticas. Até bem pouco tempo falava-se com restrições em primitivismo ou em arte selvagem para designar extraordinárias criações plásticas da África ou da Oceania.

Não há arte selvagem, diz Claude Roy[1]. As criações plásticas que assim eram chamadas apenas foram aceitas no início de nosso século e inspiraram grandes artistas modernos. Picasso encontrou na arte negra forte inspiração para o impulso que o desprendeu das regras que o retinham a racionais concepções clássicas. Tanto a pintura de Picasso como a pintura de muitos modernos abandonaram regras preestabelecidas e ainda hoje perturbam, por se terem emancipado do racionalismo convencional, frequentadores de museus e galerias.

O cartesianismo, o culto à Deusa Razão da Revolução Francesa, predominam até hoje nas sociedades que se consideram civilizadas.

O louco "perdeu a razão". Será preciso trancafiá-lo em manicômios para que ele não perturbe, além de ser improdutivo à sociedade dos homens racionais. Um aspecto dessa concepção atingiu muito negativamente nosso trabalho. Refiro-me ao relegamento das terapias manuais e expressivas das emoções, pelas quais o médico, na qualidade de representante da razão, não teria motivo para interessar-se.

Daí o descaso pela terapêutica ocupacional, mesmo tomada em largo sentido, conforme a praticávamos. Deter a atenção nas manifestações da razão, ainda que descarrilhada, tais como as ideias delirantes, seria válido. Mas procurar sentido nas produções manuais, muitas vezes ricas de emoções, não merecia a atenção dos ilustres doutores.

O animal é, por definição arbitrária, rotulado de "irracional". Que posição poderia ele ocupar como coterapeuta num hospital?

Existem no Brasil numerosas sociedades de proteção aos animais, todas pobres e dedicadíssimas. Existem mesmo leis nesse sentido, jamais cumpridas.

---

1. ROY, C. *Arts Sauvages*. Paris: R. Delpire, 1957, p. 11.

Caralâmpia, a primeira coterapeuta, e Nise da Silveira.

Entretanto, nosso projeto de trabalho no Centro Psiquiátrico Pedro II não tinha a específica intenção de proteger o animal. Visava relacioná-lo com o homem. Doar afeto àqueles seres solitários aos quais muito poucos homens ou mulheres sequer dirigiam uma palavra ou um gesto amigo.

A história do animal como coterapeuta no nosso serviço começou assim: foi encontrada no terreno do hospital uma cadelinha abandonada, faminta. Tomei-a nas mãos, demorei meus olhos nos olhos de um internado que se aproximava e perguntei-lhe:

"Você aceita tomar conta dessa cadelinha, com muito cuidado?"

Ele respondeu que sim.

"Como vamos chamá-la?" Sugeri o nome de Caralâmpia, que aparece como meu apelido nas *Memórias do cárcere*, de Graciliano Ramos, e no conto do mesmo autor, A *terra dos meninos pelados*. No conto, os meninos viviam felizes sob o amável governo da princesa Caralâmpia. Assim, Caralâmpia entrou para a literatura brasileira conduzida por mão de mestre.

Maria Nazareth Rocha, Nise e coterapeutas.

Os resultados terapêuticos da relação afetiva entre Caralâmpia e o internado Sr. Alfredo foram excelentes.

Fiquei a partir daí pensando em continuar a experiência de estreitar o relacionamento entre doentes e animais. Mas era difícil que essa ideia tivesse campo para desenvolver-se. O estudo em profundeza do processo psicótico por meio das imagens livremente configuradas pelos doentes tomava-me horas de estudo apaixonante.

Mas aconteceu que encontrei, no Serviço de Terapêutica Ocupacional, uma monitora ideal, pela bondade e delicadeza na função de promover, sem forçar, a aproximação entre o homem recolhido em si mesmo e o animal arisco, habituado a ser grosseiramente tratado pelo homem. Essa mulher raríssima é Maria Nazareth Rocha.

Iniciamos então esse trabalho pioneiro, sob minha direção. "Entre aqueles que usam animais em seu trabalho com crianças ou adultos, citaremos: Jean Hodgin; H.L. Trigg; A. Quaytman; Mira Rothenberg; Nise da Silveira; H. Aschaffenburg; Mollie Schildkout; Jon Geis"[2].

Quanto aos coterapeutas gatos, cuidados carinhosamente pela monitora Dalva Araújo, responsável pelo atelier de pintura e desenho, têm uma maneira especial de relacionamento. Conservam a independência, mas nem por isso deixam de ser meigos e apegados àqueles que escolheram para amar.

Foi muito penosa essa tentativa que fizemos de introduzir animais no Centro Psiquiátrico Pedro II. Comentários ridicularizantes e mesmo grosseiros não faltaram, mesmo da parte de colegas. Mas muito piores foram os atentados contra os animais: remoção para a seção veterinária de eletrocução, transporte para abandono em locais inóspitos, envenenamento; até recentemente, eram enxotados para a rua. Os atentados praticados contra os animais feriram doentes, monitores e a mim mesma.

Desde o início, compensadoramente, apareceram amigos distantes: o professor Boris Levinson, psicanalista americano, comentou por carta esses acontecimentos ocorridos no Brasil: "Sem dúvida, para muitos desses doentes os animais eram

Raphael, que permanecia sempre afastado, abraça afetuosamente o cão Cacareco, que se faz seu amigo constante.

---

2. LEVINSON, B. *Pet-Oriented Child Psychotherapy*. Illinois, EUA: Pets and Human Development, Charles Thomas Publishers, 1969, p. 43.

sua única linha de vida para a saúde mental". Da Universidade do Estado de Ohio, o professor S. Corson enviou-nos pesquisas com esquizofrênicos e cães, desenvolvidas por ele e sua equipe "com extremo rigor para estabelecer princípios e limites no uso de animais em psicoterapia"[3]. Dentre os trinta casos citados nesse trabalho, referentes a psicóticos hospitalizados que não haviam respondido às formas tradicionais de tratamento, apenas dois não melhoraram.

Eis um exemplo citado por S. Corson:

Sonny, psicótico de dezenove anos, permanecia em seu leito a maior parte do tempo. Havia sido submetido ao tratamento pelo haloperidol e outras drogas. Entretanto, quando o psiquiatra trouxe o cão Arwyn para o leito de Sonny, que permanecia imóvel, o cão saltou sobre o rapaz, lambendo sua face e orelhas. Sonny reagiu alegre, e espontaneamente fez sua primeira pergunta:

"Posso ficar com ele?"

E, para espanto de toda a equipe, saltou do leito, seguindo o cão. A partir desse episódio, Sonny apresentou progressivas melhoras até obter alta. Conclusão de seu psiquiatra: a introdução de Arwyn foi o fator decisivo no curso da recuperação de Sonny.

Quando tal acontecimento, com intenção terapêutica, praticado pelas mãos de um psiquiatra, poderá ocorrer em nossos hospitais?

Entre nós, os animais continuam perseguidos nos hospitais. E também nas ruas, sob o argumento de que são transmissores de doenças as mais diversas, sejam eles cães, gatos, pombos, papagaios etc. São limitadas as medidas sanitárias para protegê-los. Em vez de medidas terapêuticas contra as zoonoses, será mais fácil exterminar os animais. As autoridades parecem considerar-se "esterelizadas". Esquecem que o homem transmite doenças, já não digo a animais, pois isso pouco lhes importaria, mas a outros homens. Basta lembrar a verdadeira dizimação que os homens têm causado entre nossas tribos indígenas.

Entretanto, muito lentamente, o trabalho dos pioneiros estendeu-se, diante da evidência dos resultados obtidos por meio dos coterapeutas animais, às mais diversas áreas médicas: pediatria, cardiologia, psiquiatria, geriatria etc.

Cães, gatos, peixes e pássaros são agora os novos terapeutas contratados por hospitais franceses, canadenses, americanos e suíços, depois da constatação de serem eles indispensáveis à melhora ou cura dos portadores de várias doenças[4].

Há animais que permanecem no hospital em sua função de coterapeutas e outros que participam de visitas organizadas a hospitais a fim de levar vida e calor a esses frios lugares.

Um estudo comparativo realizado num hospital americano entre duas enfermarias idênticas, exceto pelo fato de que uma delas usava animais de estimação, demonstrou estatisticamente que o nível de medicação foi o dobro na enfermaria onde não havia animais, o mesmo acontecendo com o índice de violência e tentativas de suicídio.

Pesquisa conduzida por J. Linch e E. Friedmann, em estudos sobre doenças cardíacas, constatou que a mortalidade dos pacientes possuidores de animais de estimação é um terço menor que a de

---

3. CORSON, S. *Pet-Facilitated Psychotherapy*. EUA: Department of Psychiatry, Ohio State University, 1974.
4. FERRAZ, S. *Jornal do Brasil*, 10/05/1990.

pacientes que não possuem animais. Eis dados altamente significativos, que justificam a criação de uma nova ciência e demonstram a importância de nossa relação com animais, e com a natureza como um todo. "Para ser sadio é necessário ter contato com outras espécies de seres vivos. Se os humanos buscam atingir seu completo potencial de saúde, não podem limitar seu relacionamento à sua própria espécie. Se as pessoas desejam harmonia com sua própria natureza animal, devem sentir todo o mundo vivo em torno delas"[5].

A posição que nos cabe aqui é estudar mais detidamente o problema da relação homem-animal. Vejamos o que diz Freud: "O abismo que os homens estabeleceram mais tarde entre eles e os animais não existia para os povos primitivos, nem existe para nossas crianças, cujas fobias animais, segundo demonstramos, resultam de medo do pai". E continua: "Se admitirmos a sobrevivência de traços herdados [...] estaremos diminuindo o abismo que, nas primeiras épocas, a arrogância humana alargou demasiado entre a humanidade e os animais"[6].

O ocidental vê o mundo cindido, cada "reino" da natureza separado do outro, e o homem, do alto, dominando todos os seres, com poderes absolutos. O conceito cartesiano do animal-máquina deu vezo científico a essa arrogante concepção do mundo.

Entretanto, tornam-se cada vez mais evidentes tendências a transformações, a renovações que lentamente vêm abrindo caminho para o acesso a mais altos níveis de consciência. C.G. Jung, que se encontra na vanguarda dos atuais movimentos de mutação da civilização ocidental, escreve: "Toda a história do homem consiste, desde seu início, num conflito entre seu sentimento de inferioridade e sua arrogância. A sabedoria procura o caminho do meio"[7].

Mas não se trata apenas do animal que se move longe ou perto de nós no mundo externo. A psicologia terá de dar muita atenção ao animal no mundo interno do homem, animal que faz parte intrínseca de sua evolução tanto biológica como psicológica, e do qual a função configuradora de símbolos do inconsciente se utiliza para exprimir forças muito profundas. Igualmente vai mais além, dando expressão tanto ao super-humano quanto ao infra-humano.

No presente estudo apenas será focalizado o simbolismo do gato, tão rico em suas representações religiosas, nas artes, nos contos de fadas, nos sonhos, nas vivências e nas expressões plásticas de mulheres e de homens.

Entre os representantes animais da Koré (Jovem Divina) e da Mãe Divina, Jung cita em primeiro lugar o gato[8]. E, com efeito, o gato convém admiravelmente a essa representação, pois uma projeção nunca se realiza se não encontra receptáculo adequado. A unidade mãe-filha apresenta-se nos mitos sob o tríplice aspecto de Jovem Divina, de Mãe Divina e de Deusa Lunar[9]. Feminilidade esquiva juvenil, modelo de ciumenta dedicação materna e caráter noturno são, sem dúvida, qualida-

---

5. BECK, A. *Between Pets and People.* Nova York: Putnam's Sons, 1983, p. 9.
6. FREUD, S. *Moses and Monotheism.* Londres: Hogarth Press, 1974, p. 100.
7. JUNG, C.G. *The Collected Works,* 9, p. 231.
8. Ibid., 9, p. 184.
9. JUNG, C.G. & KERENYI, C. *Introduction to a Science of Mythology.* Londres: Routlege Kegan Paul, 1951, p. 154.

des essenciais ao gato. É talvez na religião egípcia que existem as mais propícias oportunidades para penetrarmos na significação simbólica dos animais em suas conexões com as divindades femininas. Enquanto o aspecto sentimental, generoso, dispensador de alimento da Mãe Divina encontra na vaca (deusa Hator) adequada representação, sua irascibilidade, seu caráter terrível, encarnam-se no leão. O fascínio misterioso da deusa do amor, da alegria e da dança é representado pela gata.

Os egípcios veneravam três principais deusas leoas – Sekhmet, Pekhet e Tefnet –, todas manifestações da mesma divindade, em locais e situações diferentes. Sekhmet, a poderosa, é a deusa das batalhas, que lança fogo pela enorme goela. Pekhet desencadeia torrentes devastadoras nos desertos do leste, onde habita. Tefnet, sujeita a grandes cóleras, emite fogo pelos olhos e pela boca. Mas nem sempre essas deusas se apresentam sob aspecto tão terrificante. Elas podem metamorfosear-se em gata, tornando-se assim dóceis e amáveis. Neste caso, seu nome é Bastet, a benévola. Entretanto Bastet, representada em corpo de mulher com cabeça de gata, se sustenta numa das mãos o instrumento musical das bailarinas, tem na outra uma cabeça de leoa, sinal de que poderá, de um momento para outro, reassumir seu aspecto feroz, exprimindo desse modo as mutabilidades emocionais do princípio feminino.

A. Erman narra uma encantadora lenda referente a tais transformações[10]. Tefnet, num estado de fúria devastadora, aquartela-se nos desertos da Núbia. Rá, o grande deus solar, envia Tot, o deus da sabedoria, para acalmar sua violenta filha e tentar trazê-la de volta à casa paterna. Tot toma a forma de macaco e vai ao encontro da leoa. Fala-lhe tranquilamente, conta-lhe que o tempo está esplêndido no Egito, mas que todos ficaram tristes depois que ela partiu. Os instrumentos musicais jazem mudos. E a leoa "de juba flamejante, dorso cor de sangue, olhos chispantes, batia no solo com a cauda, levantando nuvens de poeira que obscureciam o deserto". Tot, porém, prosseguia em sua fala mansa, contando-lhe fábulas. A leoa acabou comovendo-se, e suas lágrimas caem "como chuva torrencial". Metamorfoseia-se em gata e condesce em voltar à pátria, onde é recebida com efusivas manifestações de alegria. A cena da conversa de Tot com Tefnet foi gravada sobre rocha calcária no templo de Dakked. Estamos diante da primeira sessão de psicoterapia, comentou a Dra. M.-L. von Franz, ao examinar uma fotografia dessa gravação. Que Sekhmet, Pekhet, Tefnet sejam a mesma pessoa e, ainda mais, que essas temíveis divindades leontocéfalas se identifiquem à amável Bastet, causa estranheza. Entretanto, nessas metamorfoses de deusas, os egípcios exprimiam em imagens a verdade psicológica do eterno jogo de antagonismos, da luta de opostos, do predomínio momentâneo de um dos dois polos contrários inerentes à psique humana e talvez ainda mais peculiares à mulher.

Morentz, comentando o conceito elementar de que os egípcios adoravam animais e considerando as figurações de divindades teriomórficas nos templos egípcios, interpreta noutro nível esse fenômeno. As figurações significam que o *poder* pode se encarnar sob várias formas. "As representações semi-humanas de deuses exprimem um pensamento que aceita o homem sem rejeitar o animal. Vemos nessas figurações o primeiro grande exemplo de conciliação intelectual do inconciliável. Ao aspecto estático da figura junta-se um aspecto dinâmico"[11].

---

10. ERMAN, A. *La Religion des Égyptiens*. Paris: Payot, 1952, p. 92.
11. MORENZ, S. *La Religion Égyptiènne*. Paris: Payot, 1962, p. 43.

Não se trata de especulações teóricas ultrapassadas. A linguagem mítica e o comportamento que a exprime mantêm-se vivos sob várias formas.

Assim aconteceu que certo dia, na Casa das Palmeiras, uma cliente incendiou o almoxarifado e depois, saltando sorrateiramente por uma janela, esgueirou-se pelo telhado que recobria o alpendre do andar térreo. Entrando por outra janela, acomodou-se tranquilamente numa poltrona da sala vazia. O incêndio foi dominado. Encontrando-a enroladinha na poltrona daquela sala, eu lhe disse: "Você parece a leoa Sekhmet, que, de súbito, se transformou na gata Bastet, tão tranquila nessa poltrona". "Que é isso?", perguntou ela.

Contei-lhe então o mito egípcio da metamorfose da leoa Sekhmet na mansa Bastet. Ela se interessou logo pelo relato e pedia-me que o repetisse.

Então reuni um grupo de técnicos e clientes para a leitura desse mito, relatado no livro de A. Erman. Foi grande o interesse de todos. Ficou então resolvido que encenaríamos uma apresentação teatral, "A incendiária", representando os dois papéis, de leoa e de gata, a cliente que havia tentado incendiar o almoxarifado. Repetida a leitura da narração de A. Erman, um outro cliente escreveu sua versão do mito. A intérprete do papel de Sekhmet-Bastet foi tão atingida pela linguagem mítica, que a tocara profundamente, a ponto de ir várias vezes ao jardim zoológico estudar as posturas de leoa. Evidentemente essa apresentação teatral tinha intenção terapêutica, que foi plenamente alcançada[12].

Caiu a civilização egípcia, caiu o prestígio do gato. Agora sua sorte mudara completamente. Com efeito, o equilíbrio entre a natureza e o espírito achava-se em profunda desarmonia no mundo greco-romano decadente, excetuando-se raras e grandes personalidades que se mantinham fora da correnteza regressiva. A evolução humana exigia esforço intenso a fim de que fosse superada aquela conjuntura. Nesse sentido, a nova religião apresentava um programa definido, que era uma resoluta repressão dos instintos, o que permitiria conquistar o desenvolvimento da consciência.

No cristianismo, muito coerentemente, o animal representa papel apagado. Podem ser lembrados a pomba, o peixe, o cordeiro, o galo, os animais simbólicos dos evangelistas – leão, touro e águia, que figuram ao lado do anjo de São Mateus –, o boi e o asno da manjedoura, todos, porém, quase inteiramente desinvestidos de vitalidade. Eis um dos motivos (outros existem) porque uma religião de amor como o cristianismo mostra-se indiferente às crueldades praticadas contra o animal. São Francisco de Assis e poucos outros permanecem isolados.

É curioso, entretanto, que em evangelhos apócrifos os animais gozem melhor conceito. Nos *Oxyrhynchus*, Jesus diz que "são as aves do ar e os peixes do mar e tudo o que está sobre ou abaixo da terra que indicam o caminho para o reino dos céus"[13].

O culto da Virgem Maria, estabelecido na Idade Média, mãe sem mácula, toda luz, exigia que a imagem ideal da mulher fosse depurada de seus sedimentos terrestres. O lado escuro da *Mater* pagã, negro do limo primordial, ligado à terra, aos vegetais e aos bichos, foi reprimido inexoravelmente. A mulher, em sua humanidade, tornou-se quase sinônimo de pecado. Na Idade Média uma mulher

---

12. SILVEIRA, N. *A emoção de lidar*. Rio de Janeiro: Payot, 1986, p. 50.
13. JUNG, C.G. Op. cit., II, p. 144.

podia facilmente ser acusada de feiticeira e levada à fogueira. É que a imagem da feiticeira tomava para si a projeção da sombra do arquétipo da *Magna Mater*.

Sobre o gato, tão estreitamente próximo da natureza feminina, representante adequado de aspectos da densa e complexa sombra das *Maters* pagãs às quais sempre esteve associado, recaiu também terrível perseguição. Era-lhe atribuído um importante papel nos rituais mágicos, e acreditava-se até que as feiticeiras se disfarçavam em gatos para cometer malefícios ou mesmo que demônios neles se encarnassem. Cornélio Agripa chega a dizer, em sua *De Occulta Philosophia*, que os gatos são da mesma natureza do sangue menstrual e que com ambos "muitas coisas maravilhosas e milagrosas podem ser trabalhadas pelas feiticeiras"[14]. Poemas medievais celebram vitórias do rei Artur sobre gatos-demônios. Nas festivas fogueiras da Páscoa, que da Idade Média se estenderam aos tempos modernos na Europa, gatos eram comumente queimados vivos como substitutos de bruxas e demônios. Ainda no ano de 1648, em Paris, Luís XIV, coroado de rosas, acendeu com as próprias mãos a festiva fogueira onde lançou um saco repleto de gatos vivos[15]. Carregado de tão pesadas e sombrias projeções que só muito lentamente vão se atenuando, o gato aparece na maioria dos contos populares e fábulas como animal pérfido, egoísta, astuto. É assim que o encontramos nas fábulas de La Fontaine (século XVII). A astúcia é particularmente posta em relevo. Por exemplo, em *O gato e a raposa*, seu único processo de escapar ao cão resulta mais eficiente que as mil manhas da raposa. Em *O gato de botas*, toda uma trama de hábeis ardis é desenvolvida pelo animal com o objetivo de fazer a fortuna de seu dono.

Mesmo o cientista Buffon (século XVIII) perde a objetividade quando se ocupa do gato. Ele descreve com admirável agudeza o cavalo, altivo, intrépido; valoriza o asno humilde e pacientíssimo; o boi, resistente e lento; fala de modo simpático da vivacidade, da afetuosidade da cabra; estende-se longamente na consideração das nobres qualidades de sentimento do cão, assim como de seus talentos. Mas quando escreve sobre o gato é como se não se tratasse de um ser da natureza. As páginas de sua *História Natural* assumem o caráter de verdadeiro resquisitório contra esse animal: infiel, malicioso, falso, ladrão, perverso nato, e outras qualificações do mesmo gênero sucedem-se cerradamente. Nem sequer o devotamento materno, tão evidente no gato, foi assinalado pelo eminente naturalista francês.

Entretanto, deve-se frisar que, embora a atitude negativa em relação ao gato haja predominado até bem pouco tempo, nunca foi unânime. Se muitos lhe atribuem o dom de trazer má sorte (sobretudo, o gato preto), outros o consideravam talismã precioso. Se muitos o execravam, nunca deixou de ter fervorosos amigos até mesmo entre padres da igreja, como São Felipe de Néri e o Papa Leão XII.

São frequentes as atitudes ambivalentes face ao gato, pois sua misteriosa natureza, tão rica em contrastes, parece atrair como ímã as projeções dos opostos humanos.

As afinidades do gato com o princípio feminino são nitidamente focalizadas na fábula de La Fontaine *A gata metamorfoseada em mulher*. Mesmo revestida de forma humana, ela persiste gata no âmago de sua alma. A afinidade aparece também na história de Grimm *O pobre rapaz do moinho e a gata*, atribuída ao fim do século XVIII ou começo do século XIX. Mas neste último conto o princípio feminino não tem de ser necessariamente astucioso, traiçoeiro ou cruel. Durante longos anos um pobre rapaz serve a uma gata encantada, em seu castelo também encantado, até que ela, por ter sido servida devo-

---

14. BRIFFAULT, R. *The Mothers*, II. Londres: George Allen, 1959, p. 623.
15. FRAZER, J. *The Golden Bough*. Nova York: The MacMillan Company, 1948, p. 656.

tadamente, recupera a forma de linda princesa, que se casa com o herói da história. Já se admite, portanto, que o princípio feminino, representado pela gata, precisa de atendimento e cuidado para evoluir em nível mais alto (animal que se transforma em mulher) e finalmente ser integrado (casamento).

A história de encantamento deixa transparecer uma modificação de atitude que envolve ao mesmo tempo o princípio feminino e seu representante simbólico.

Nos tempos modernos a literatura e as artes plásticas irão refletir, ou melhor, antecipar, essa mudança. O animal que até então só se insinuara no interior das casas graças a sua capacidade para combater os ratos, mas que devia permanecer na cozinha e sentir-se feliz se conseguisse um lugar nas cinzas dos borralhos (lembremos o conto A *gata borralheira),* sem que nenhum fato exterior o explique, passa em meados do século XIX a ter novo padrão de vida e, sobretudo, conquista posição especial junto aos artistas. B. Levinsohn, depois de refletir sobre as seculares vicissitudes sofridas pelo gato na Europa, diz: "De repente tudo isso muda. O gato, como seiscentos anos antes o cão, é recebido na sociedade. As belas-artes e a poesia apoderaram-se dele, descobrindo a graça de seus movimentos"[16]. Efetivamente, impressiona o papel que o gato veio ocupar na literatura desde Chateaubriand e Balzac até Edgar Poe, de Baudelaire a T.S. Eliot, Colette, Pablo Neruda e Robert de Laroche. O médico pernambucano Aurélio Domingues publicou em 1921 longo poema dedicado a seu gato Dom Marcello de Torretillas.

Mais sutilmente que todos, Baudelaire soube deslizar do gato objetivamente real, com a sua palpável *"fourrure blonde et brune",* para a enigmática imagem do gato subjetivamente real.

Quand mes yeux vers ce chat que j'aime	*Se neste gato que me é caro,*
Tirés comme par un aimant	*Como por ímãs atraídos,*
Se retournent docillement	*Os olhos ponho comovidos*
Et que je regarde en moi même	*E ali comigo me deparo,*
Je vois avec étonnement	*Vejo aturdido a luz que lhe arde*
Le feu de ses prunelles pâles	*Nas pálidas pupilas ralas,*
Claires fanaux, vivantes opales	*Claros faróis, vivas opalas,*
Qui me contemplent fixement.[17]	*Que me contemplam sem alarde.*[18]

As artes plásticas refletem o curso de idêntico fenômeno.

V.H. Debidour, que estudou em minúcias o bestiário na escultura da Idade Média, na França, assinala a ausência do gato, que só vem aparecer, e ainda imprecisamente, na última fase do Gótico[19]. No século XV, Ghirlandaio, em sua *Última Ceia,* que pode ser vista no Museu São Marcos de Florença, coloca um gato atrás de Judas como a enfatizar a natureza traiçoeira daquele discípulo. W. Hogarth via unicamente o aspecto selvagem desse animal, sua cupidez na espreita da caça, fixada, por exemplo, na tela *The Graham Children.*

Foi simultaneamente com poetas e romancistas que os pintores descobriram os encantos do gato. E caíram cativos desse fascínio recém-descoberto, pois sobem talvez a milhares os desenhos e

---

16. LEVINSOHN, R. *Histoire des Animaux.* Paris: Librairie Plon, 1953, p. 306.

17. BAUDELAIRE, C. *Les Fleurs du Mal.* Paris: Garnier-Flammarion, 1964, p. 76.

18. BAUDELAIRE, C. *As Flores do Mal.* Tradução, introdução e notas de Ivan Junqueira. Rio de Janeiro: Nova Fronteira, 1985.

19. DEBIDOUR, V. *Le Bestiaire Sculpté en France.* Paris: Arthaud, 1961, p. 350.

pinturas de gatos produzidos desde as primeiras décadas do século XIX até hoje. Vemo-lo em sofisticadas vestes femininas nos desenhos de Grandville. Aparece em companhia de Pierre Loti no retrato que Rousseau fez daquele escritor, e sobre os joelhos de Ambroise Vollard em desenho de Bonnard. Pintaram gatos Manet, Ostrowski, Rouvière, Renoir, Klee, Miró, Di Cavalcanti, e muitos outros.

Quebramos a ordem cronológica dessa breve enumeração citando em último lugar o desenho de Leonardo da Vinci, onde se veem a Virgem, o Menino Jesus e o gato (Museu Britânico). Decerto, foi uma inovação pôr um gato nos braços do Menino-Deus, que até então só brincava com cordeirinhos. Esse desenho, mesmo se feito hoje, seria pelo seu conteúdo psicológico ainda uma antecipação.

Independente, insubmisso, o gato foi também visto na história como símbolo adequado da liberdade. A Revolução Francesa incorporou-o a vários de seus emblemas, ao lado do barrete frígio. Prud'hon pinta a liberdade sob a forma de uma mulher segurando uma lança com o barrete frígio na ponta e tendo a seus pés um gato. Ao contrário, Napoleão detestava gatos. Lênin simpatizava com esse animal, segundo prova uma fotografia de 1922, em que o vemos com um gato nos braços.

O homem *esclarecido* de nossa época costuma julgar os mitos, as histórias de fadas, os contos folclóricos, ingênuas fabulações inteiramente ultrapassadas. Entretanto, as produções do inconsciente de nossos contemporâneos, seus sonhos, apresentam ainda e sempre as mesmas imagens, os mesmos temas milenares. E que essas produções se plasmam segundo os arquétipos, fatores estruturais do psiquismo profundo, vivos e atuantes tanto ontem quanto hoje.

O aparecimento do animal nos sonhos levanta problemas importantes. Já que o animal representa, na maioria das vezes, a vida instintiva, deveremos procurar nesses sonhos indicações no sentido de favorecer a repressão das forças da natureza ou, ao contrário, ajudá-las a se libertarem no sentido de encontrarem seu lugar na totalidade da psique? A situação terá de ser vivida de modo concreto ou será tomada simbolicamente, incentivando-se esforços para apreender seu significado?

Jung, em seu ensaio *Sobre a natureza da psique*[20], distingue naquilo que de ordinário chamamos instinto a ação propriamente dita e a imagem que delineia a ação na totalidade de suas diversas fases. Jung reserva a denominação "instinto" para as formas herdadas de atividade, para a ação fisiológica, enquanto denomina "arquétipo" as disposições para configurar as imagens que lhe dão sentido. A fim de tornar mais compreensível seu pensamento, ele recorre a uma analogia. O instinto está para o arquétipo como a faixa vermelha está para a faixa violeta no espectro. "O dinamismo do instinto, pode-se dizer, está localizado na parte infravermelha do espectro, enquanto a imagem instintiva encontrar-se-ia na parte ultravioleta"[21]. A consciência desloca-se nessa escala, ora aproximando-se do vermelho, isto é, da compulsão instintiva, e caindo sob seu domínio, ora avizinhando-se do violeta, isto é, da imagem simbólica arquetípica que lhe dá significação. Instinto e arquétipo são opostos de alto potencial energético. Movendo-se entre eles, os processos psíquicos buscam equilíbrio e, em seu jogo, também aqui, tal como acontece em todas as oposições, poderá ocorrer que os extremos se toquem.

---

20. JUNG, C.G. Op. cit., 8, p. 159.
21. Ibid., p. 211.

Quem trabalha para a integração de sua própria personalidade terá de confrontar-se com instintos e arquétipos.

A confrontação com os instintos, com "o animal em nós", deve ser feita modestamente, sem repulsas pretenciosas. Precisamos aceitá-los como uma realidade inerente à nossa condição biológica. Isso não significa deixar que a consciência caia no domínio da esfera instintiva. Seria regredir. Seria tornarmo-nos escravos de forças compulsivas, perdendo a energia psíquica que o homem pode conquistar para dela dispor a fim de aplicá-la em atos livres. Viver capturado na esfera instintiva é o que Spinoza chamava "servidão humana". Conhecendo "o animal em nós", será possível evitar seus ataques imprevistos. O procedimento mais eficaz para escapar a tais assaltos é estar em harmonia com o aspecto instintivo sempre presente na natureza humana.

Essa incorporação só poderá ser realizada quando a consciência confrontar o outro extremo da escala: o arquétipo. Escreve Jung: "A tomada de consciência e assimilação do instinto nunca têm lugar na extremidade vermelha, isto é, por absorção na esfera instintiva, mas somente pela integração da imagem que simboliza e ao mesmo tempo evoca o instinto, embora sob forma completamente diversa daquela que encontramos no nível biológico"[22].

A resultante no momento atual, pelo menos no Ocidente, é uma escarpada separação entre natureza e espírito. De outra parte, porém, nunca cessaram ao longo dos séculos as tentativas subterrâneas de aproximação desses opostos, pois isso significa a tendência à completação da personalidade humana, que é, como Jung descobriu, a mais forte das tendências inatas.

Tateamentos de lenta integração dos componentes animais na psique da mulher, bem como no princípio feminino existente no homem, são, por assim dizer, visualizados em representações plásticas através da história. Observam-se todas as gradações: a) antigas deusas são representadas pelo próprio animal; b) o corpo da deusa é de mulher, mas a cabeça é de animal; c) o corpo é de animal e a cabeça é de mulher; d) vislumbra-se a solução harmoniosa quando o animal é o veículo da deusa, como acontece nas representações de Cakti cavalgando o leão ou o gato, e de Kwannon, a deusa japonesa da misericórdia, montada sobre um tigre que ela conduz, brandamente, sem arreios nem chicote.

Nos sonhos de nossos contemporâneos revela-se o processo da aproximação de opostos. Se o animal reclama seus direitos, o encontro do espírito com a natureza terá de realizar-se agora conscientemente, num nível mais alto, acima da luta inconsciente entre os dois extremos contrários. O movimento de aproximação de opostos está se revelando modernamente no mundo inteiro nas lutas ecológicas, resultantes não só de interesses econômicos, mas de uma progressiva elevação do nível de consciência, capaz de um visão da unidade de todas as coisas. A ecologia, escreve F. Capra, "tem suas raízes numa percepção da realidade que transcende a estrutura científica e atinge a consciência intuitiva da unicidade de toda a vida, a interdependência de suas múltiplas manifestações e seus ciclos de mudança e transformação"[23]. Para atingir a integração dessas forças, será necessário persistente trabalho, devotado trabalho de caráter por assim dizer religioso, se tomarmos religião no conceito antigo da palavra *religio*: cuidadosa consideração de "poderes" dominantes[24].

---

22. Ibid., p. 211.
23. CAPRA, F. Op. cit., p. 403.
24. JUNG, C.G. Op. cit., 11, p. 8.

A intuição do artista apreende, no inconsciente, os movimentos de aproximação de opostos. Di Cavalcanti pintou uma mulata que tem entre os seios opulentos, quase nus, um grande crucifixo e, sobre os joelhos, um gato preto. Cruz e gato são o centro da tela. Num quadro de Reynaldo Fonseca, uma menina pálida, em vestes de primeira comunhão, véu branco e coroa de rosas, traz na mão direita um livro de missa e um terço de ouro. A cruz pendente do terço situa-se exatamente no nível da cabeça de um gato rajado, de olhos misteriosos, que está deitado ao lado dela, sobre uma almofada.

Outro testemunho do mesmo processo inconsciente é a pintura de um menino de catorze anos, do norte do Brasil, realizada para servir de cartão de boas festas do Natal de 1963 (fig. 1). Nela vemos uma Nossa Senhora bem pouco convencional. A cabeça está desprovida da constante auréola de santidade e os olhos não se dirigem para o alto, mas estão voltados para dentro e para baixo. O manto é curto e de cor vermelha, significando a parte ainda restrita concedida aos afetos, num conjunto de vestes onde predomina a espiritualidade do azul. Habitualmente vemos a Virgem pousar os pés sobre o globo terrestre ou sobre o crescente lunar, ambos símbolos femininos, parecendo que a lua representa a amada, a noiva, enquanto a terra corresponde às qualidades maternas[25]. Terra ou lua são substituídas nessa pintura pela cabeça de um gato. As orelhas do gato, configurando as pontas do crescente, indicam as conexões desse animal com a lua; sua cor preta e seu aspecto misterioso caracterizam sua natureza ctônica. Note-se que os pés da Virgem não pousam apenas sobre a cabeça do animal; porém, a borda das vestes e pés parecem mergu-

Figura 1
*A.A.R, 1963,
guache e nanquim sobre papel,
19,8 x 7,6 cm*

lhar dentro de sua cabeça. O intenso azul dos olhos do gato é o azul da túnica da Virgem, visto através de suas órbitas, e as pontas dos pés da santa aparecem como os dentes caninos do animal. Assim, parte

---

25. Ibid., 14, p. 438.

de seus membros inferiores deve estar encravada no interior da cabeça do animal. O nariz do gato (faro), em cor vermelha e forma de coração, figura a intuição em atividade na esfera afetiva.

Na testa do gato preto vê-se, entretanto, uma mancha branca, pois no interior do Yin há sempre uma semente Yang; dentro do negrume, da matéria, está sempre contida uma parcela de brancura, uma centelha de espírito.

Simbolismo do gato nos sonhos

Apresentamos a seguir alguns sonhos nos quais o gato é o personagem principal, figurando como emissário do mundo simbólico feminino.

Em uma série de sonhos de uma mulher de idade mediana, a sonhadora sofre as consequências de um complexo mãe negativo, daí repressão, desvalorização e atrofia dos instintos femininos. Na segunda metade da vida o inconsciente vem fazer insistente pressão para que esses instintos sejam enfim reconhecidos e aceitos, condição preliminar indispensável para a totalização da personalidade.

1 – É noite muito escura. Uma gata salta a grade de um jardim e foge rua afora. Uma empregada corre em seu encalço. A sonhadora diz à empregada: "A gata fugiu porque você não a alimenta suficientemente".

A gata encarna os instintos femininos desprezados, não atendidos. Esses instintos estão famintos. Abandonando a casa e fugindo na noite, a gata indica o perigo de esses instintos tornarem-se autônomos e assim se subtraírem ao processo de integração da personalidade. A empregada, desdobramento da sonhadora, representante de aspectos seus mais primitivos e próximos da vida instintiva, esforça-se, porém, para alcançá-lo.

2 – Um objeto é arremessado com violência sobre a cabeça da sonhadora. Ela ergue as mãos e segura o objeto, que é a cabeça de um gato, sangrando e miando de dor. Olha em torno e vê perto o corpo do animal, que ainda palpita. Junta a cabeça ao corpo e, envolvendo nos braços o animal, repete várias vezes com muita emoção: "Descansa em paz".

Quem terá decapitado o gato e lançado sua cabeça contra a da sonhadora? O inimigo do gato será o princípio masculino *(animus)* da sonhadora, que, pretendendo posições sempre mais dominantes, quer exterminar os instintos femininos? Ou terá chegado o momento do sacrifício dos instintos animais, e o gato seria imolado tal como Mitra sacrifica o touro? A atitude da sonhadora é de aceitação do sacrifício. Parece ter chegado a hora de renunciar às vagas veleidades de juventude que ainda repontam, animadas pelos instintos insatisfeitos. É preciso enfim *compreender* (a cabeça do gato é jogada contra a da sonhadora) que passou a oportunidade de seguir os instintos descuidadamente. Chegou o momento de procurar decifrar-lhes a significação profunda e de elevá-los ao nível da consciência. É como se forças inconscientes que buscassem integração forçassem o deslocamento de acontecimentos psíquicos que vinham ocorrendo entre obstáculos, na faixa vermelha, transpondo-os violentamente para a faixa violeta, onde terão, nessa altura da vida, a oportunidade favorável para serem entendidos e assimilados.

3 – Luta terrível entre um tigre e um gato. Os dois animais enrolam-se em círculo, engalfinhados. A sonhadora acompanha a luta com emoção e está certa de que o gato será despedaçado. Mas o

tigre desaparece e o gato apresenta-se sentado, bem seguro de si, apenas com um pequeno ferimento atrás da orelha esquerda.

Parece estranho que um representante do arquétipo da *Magna Mater* – tigre – lute contra outro aspecto do mesmo arquétipo, simbolizado pelo gato. A experiência analítica, entretanto, demonstra que os combates não se travam apenas entre consciente e inconsciente. Nas profundezas do inconsciente, múltiplas forças lutam entre si, e é por meio desse jogo dialético de oposições que outros níveis são atingidos e se processa o desenvolvimento. O tigre representa o aspecto temível da Deusa Mãe, seus afetos violentos e desordenados. Animal selvagem que dilacera e devora, todo contato com ele é difícil e perigoso. Contra as expectativas lógicas, o gato não é destruído pelo tigre. Acontece aqui a mesma coisa que em muitos contos folclóricos, nos quais o animal menor e mais frágil vence o maior e mais forte. A vitória do gato, animal que convive em harmonia com os humanos, embora conserve algumas características selvagens, traduz a vitória de impulsos integráveis sobre os afetos indomados.

4 – A sonhadora fica surpresa de encontrar em seu quarto dois pequenos gatos muito magros. Põe sobre o solo um pires de leite para eles. Mas os gatos são tímidos e hesitam. Um deles foge amedrontado, enquanto o outro se aproxima, com precaução, e bebe o leite.

Esse sonho apresenta em imagens o início do processo de aproximação entre o consciente e os emissários do mundo feminino inconsciente. Oferecendo leite aos pequenos gatos desnutridos, a personalidade consciente dá um passo em direção ao inconsciente, toma a disposição de cuidar dos instintos desprezados. Entretanto, a aproximação não se realiza sem hesitações e recuos por parte do inconsciente, pois em experiências anteriores muitas tentativas de aproximação já devem ter sido frustradas.

5 – A sonhadora vê numa floresta vários gatos. Tenta acariciá-los, mas eles são arredios. Em cena seguinte ela entra em seu quarto e aí encontra quatro daqueles gatos dormindo em sua cama. Três são malhados em branco e preto e o menor é tipo tigre. A sonhadora alegra-se. Vai almoçar e, ao voltar ao quarto, lamenta ter esquecido de trazer alimento para os gatos.

Sendo os gatos animais domésticos, se habitam a floresta, indicam que instintos não tomados em consideração levam vida autônoma no inconsciente (floresta). Mas, logo que um movimento de aproximação é feito por parte do consciente, eles vêm ao encontro da sonhadora, buscando contato estreito. O fato de os gatos serem em número de quatro pode ser reflexo da estrutura básica da psique inconsciente, que é quaternária em sua própria natureza, e indicar o agrupamento de forças no sentido da totalização. As configurações quaternárias denotam o arquétipo do *self*, bem como refletem as quatro funções de orientação do consciente (pensamento, intuição, sentimento, sensação). O gato menor, de tipo tigre, portanto mais selvagem, representaria um arquétipo mais distante do controle consciente, e talvez simultaneamente a função inferior, dentro do tipo psicológico da sonhadora. O esquecimento dos alimentos para os gatos mostra que o consciente não está ainda suficientemente atento aos fenômenos que se estão desenvolvendo no inconsciente.

6 – A sonhadora toma nas mãos um vidro de perfume. Sobre o vidro está pintada a figura de um gato. A sonhadora abre o vidro e perfuma-se. Em cena seguinte, examina seu guarda-roupa e escolhe, entre vários vestidos, um vestido estampado em pele de tigre.

146

Perfumando-se de gato e vestindo-se de tigre, a sonhadora apropria-se de atributos animais. Isso, à primeira vista, pode parecer uma identificação regressiva com o animal, como acontece em casos patológicos. Entretanto, essa interpretação não se adaptaria à sonhadora, que, ao contrário, vem fazendo progressos. Cabe antes lembrar que são frequentes em mitologia os exemplos nos quais o revestimento da pele de um animal pelo sacerdote ou pelo xamã constitui condição preliminar para se atingir o contato com a divindade, para que uma experiência numinosa venha a acontecer. A sonhadora, vestindo-se de tigre, copia a Magna Mater em seu aspecto terrível; porém, usando ao mesmo tempo perfume de gato, atenua esse aspecto perigoso com um toque de vaidade sedutora. É como se os atributos representados pelas divindades egípcias – a poderosa leoa Sekhmet e a amável Bastet – se reunissem na mesma personalidade.

7 – Um belo gato branco está sentado sobre uma pequena mesa. No alto, suspenso à parede, um relógio redondo gira (não os ponteiros, mas o próprio relógio) em grande velocidade.

O gato desse sonho, pela sua cor branca, parece indicar a ocorrência de deslocamento dos instintos para outro nível, isto é, transposição da faixa vermelha dos impulsos à ação para a faixa violeta, onde se dará a descoberta de suas significações profundas. O relógio, girando rapidamente num movimento circular, revela aquilo que está acontecendo no inconsciente – movimento centralizador – e também que o tempo urge, que é premente a participação da consciência nesse movimento.

Em seguida analisaremos o sonho de uma outra mulher, já em nível de desenvolvimento mais alto.

A sonhadora está andando na rua, tendo à direita um gato branco e à esquerda um gato preto. Alguns passos adiante, justo na porta de uma carvoaria, o gato branco transforma-se em linda criança, que diz à sonhadora: "Vamos à igreja!" A sonhadora emociona-se. O gato preto não sofre nenhuma transformação, mas agora a sonhadora carrega-o no braço esquerdo, envolvido numa toalha branca. Logo se acham os três em pequena e escura capela onde não há altares nem imagens. Vê-se apenas um cão que dorme estendido no solo. De súbito a criança transforma-se numa jovem de olhos claros, luminosos, vestida de branco. Ela se inclina para o cão e acaricia-o. A sonhadora passa o braço direito em torno dos ombros da jovem com um sentimento de intensa ternura e lhe diz: "Afastemo-nos, porque, se o gato preto acorda e vê o cão, vai assustar-se e fugir". A jovem concorda com um movimento de cabeça, sorrindo.

Nesse sonho, que causou profunda impressão sobre a sonhadora, o gato preto representa forças ctônicas submersas no inconsciente (lado esquerdo), enquanto o gato branco, pela sua cor (e por sua subsequente metamorfose), representa instintos que tendem a aproximar-se da consciência (lado direito), trazendo-lhe sua significação simbólica. Confirmando suas qualidades arquetípicas, o gato branco transforma-se em criança, símbolo que exprime as potencialidades de desenvolvimento do *self*[26] e que se afirma claramente por suas exigências religiosas ("Vamos à igreja."). O fato de o símbolo do *self* assumir forma humana significa, segundo Jung, que, pelo menos parcialmente, o centro ordenador da vida psíquica está se aproximando da consciência e, ainda mais, ordenando à sonhadora

---

26. Ibid., 9, p. 151.

que o conduza à igreja, assume papel diretor, deixando ao ego o papel executor[27]. A transformação do animal em criança ocorre na porta de uma carvoaria, local onde se encontra o produto da queima da madeira, que outra coisa não é senão carbono quase puro. O carvão tem, portanto, estreita conexão química com o diamante, que é carbono puro cristalizado e um dos mais universais símbolos do *self*.

Chegados à capela, a criança transforma-se numa jovem. O processo psíquico está se desenvolvendo aceleradamente: do gato branco houve a passagem para a criança, e logo as possibilidades nesta encerradas floresceram na imagem da jovem desconhecida dotada das características da Koré, uma das formas típicas assumidas pelo *self* na mulher. Com efeito, originando-se de transformações sucessivas, a jovem apresenta-se como um ser mítico. É a jovem divina, a Koré mitológica, apta representante da personalidade superior, do *self*, quando se trata da mulher (seu equivalente no homem é figurado pelo Velho Sábio).

A experiência analítica demonstra que a imagem correspondente a esse arquétipo é em geral uma imagem dupla: jovem divina e mãe divina, a última quase sempre revestida de seu aspecto ctônico. Nesse sonho, a origem da jovem divina que encarna o aspecto luminoso do *self* é, muito coerentemente, o gato branco. Sua contraparte ctônica, porém, não se apresenta sob forma humana. Acha-se ainda amalgamada na base instintiva, apresentando-se sob a imagem do gato preto, que não sofre nenhuma transformação. Acresce que o gato dorme nos braços da sonhadora. Também dorme o cão, animal de Hécate, deusa mãe em seu aspecto noturno e sinistro. Isso parece significar que forças instintivas opostas do mundo feminino subterrâneo ainda não atingiram condições de se defrontarem. Vendo o cão, o gato preto poderá mesmo assustar-se e fugir, isto é, escapar autônomo ao controle da personalidade consciente. A jovem divina, embora tenha acariciado o cão, contato que poderia tê-lo despertado, aceita que se afastem, pois não chegou ainda o momento do encontro de opostos extremos, próprio das etapas ulteriores do processo de individuação. Esse processo parece estar desdobrando-se, na sonhadora, em níveis bastante desiguais: terno encontro com a jovem divina de uma parte, e de outra, animais ctônicos que dormem profundamente.

A última cena, que se passa numa capela, sublinha o caráter religioso dos fenômenos em curso. Entretanto, a capela, embora cristã, aparece sem altares e sem imagens. O lugar é cristão, mas a divindade presente veste a forma pagã da Koré, pois o inconsciente, na incessante elaboração de seus conteúdos, não faz acepção de credos.

Não seria suficiente assinalar nesse sonho a presença de elementos pagãos e interpretá-los como sobrevivência de um mundo mais antigo, espécie de achados arqueológicos. A análise das produções do inconsciente pelo método junguiano trouxe a revelação de que tais elementos arcaicos permanecem vivos, atuantes, e que estão envolvidos num contínuo processo de elaboração através do tempo.

Esse processo vem sendo particularmente estudado pela Dra. Marie-Louise von Franz, que já nos apresentou dois cortes transversais de seu desenvolvimento, distantes um do outro catorze séculos. Em seu estudo *The Passio Perpetua*[28], analisou os sonhos da mártir cristã Santa Perpétua (século I), demonstrando que o movimento do inconsciente se havia apoderado do cristianismo nascente, tomando-o em suas correntes ascendentes. De fato, o desenvolvimento da consciência do homem oci-

---

27. Ibid., 16, p. 311.
28. VON FRANZ, M.-L. *The Passio Perpetua*. Nova York (Spring): The Analytical Psychology Club, 1949.

dental exigia a repressão da vida instintiva a fim de que se diferenciasse o espírito. Os aspectos opostos coexistentes nas figuras dos deuses pagãos necessariamente cindiram-se nessa época. E tanto se afastaram em dolorosa distensão que natureza e espírito acabaram por defrontar-se como inimigos. Noutro estudo, *The Dreams and Visions of St. Niklaus van der Flue*, a Dra. Marie-Louise von Franz continuou a pesquisa do desdobramento desse processo. Os sonhos e visões do santo suíço, que viveu no século XV, revelaram que o obscuro trabalho do inconsciente havia conduzido seus conteúdos a outro estágio, bem diferente da situação no tempo de Santa Perpétua. Via-se agora uma tendência intensificada dos símbolos pagãos, não somente a emergir, mas mesmo a se *fundir* com os símbolos cristãos, parecendo que se está produzindo no inconsciente uma *reorganização* de seus conteúdos.

Conseguida a diferenciação de opostos (Deus-diabo, bem-mal, instinto-espírito), característica da civilização ocidental, parece que lentamente se prepara nova reaproximação, porém em nível mais alto que sua primitiva coexistência. Muitos são os sinais de que "o inconsciente esboça um programa onde o animal possa ser integrado e unido aos valores da civilização cristã"[29].

Voltando ao sonho e seguindo essa linha de pensamento, não interpretaremos a presença dos animais e da Koré dentro da igreja cristã como meros vestígios do paganismo inscritos nos estratos profundos da psique. Vemos nesses símbolos e na maneira como eles se dispõem no cenário do sonho a expressão do esforço por parte do inconsciente para reaproximar valores que se haviam separado demais. Infelizmente, para a sonhadora, esse esforço acha-se longe de sua meta. Por isso mesmo, trata-se de um sonho bastante representativo da situação psíquica da mulher contemporânea, ainda em caminho para a completação e integração de sua personalidade.

O gato não se apresenta somente como símbolo feminino. Ele possui também características aptas a simbolizar o homem em suas qualidades mais varonis. É corajoso, insubmisso. Luta renhidamente com outros gatos pela disputa de uma fêmea, mas também bate-se pelo prazer de lutar. Os orientais muito aprenderam com ele: saltos e ataques para suas lutas marciais.

Mas é principalmente na qualidade de representante do princípio feminino no homem (*anima*) que o gato surge em projeções e sonhos do homem.

C.G. Jung narra o caso de um seu analisando, homem muito inteligente, que viu uma antiga escultura egípcia e instantaneamente se apaixonou por ela. Era uma gata egípcia. Logo adquiriu por alto preço a estátua e colocou-a numa prateleira, na principal sala de sua casa. Mas logo perdeu a tranquilidade. O escritório estava situado no andar inferior e quase a toda hora ele abandonava o trabalho para subir e olhar a gata. Satisfeito o desejo, voltava ao trabalho, para dentro de momentos tornar a subir a fim de contemplar novamente a gata.

A situação tornou-se tão desagradável, que ele colocou a escultura sobre a mesa de trabalho, diante dele. Depois disso, não conseguiu mais trabalhar. Então colocou-a numa caixa e levou-a para o sótão da casa, a fim de libertar-se de sua influência. Mas continuou a lutar contra a tentação de abrir a caixa para olhá-la novamente. Quando ele compreendeu que tudo se tratava de uma projeção da imagem feminina, pois a gata simbolizava a mulher, todo o fascínio da escultura desapareceu.

---

29. VON FRANZ, M.-L. *Les visions de Saint Nicolas de Flue.* Paris: Dervy-Livres, 1988.

Não só em projeções, mas também em sonhos de homens, o gato aparece rico de significações simbólicas.

Sonhos de um homem boêmio que depois de casamento tardio se tornou muito severo consigo próprio em tudo quanto diz respeito à moral.

1 – O sonhador comprime um gato de encontro à parede com uma forquilha aplicada ao pescoço do animal, até matá-lo. Um cozinheiro, de aspecto imponente, usando avental e gorro alto, diz que irá cozinhar a cabeça do gato para o sonhador comê-la. Insiste dizendo que o sonhador terá de comer a cabeça do gato.

Matando o gato por compressão, o sonhador mostra a grande repressão que está exercendo sobre sua vida instintiva e também sobre seu princípio feminino (*anima*). O cozinheiro representa o alquimista, o transformador, que lhe dará para comer a cabeça do gato, isto é, sua essência. É assimilando a significação dos instintos e das emoções que ele poderá individuar-se. A insistência do cozinheiro traduz a urgência do processo de desenvolvimento.

2 – No rebordo da janela do quarto do sonhador vários gatos, de pé sobre as patas traseiras, fazem círculo em torno de um pequeno gato que está sendo julgado por eles. O sonhador sabe que o pequeno gato é seu filho. Ele deseja ir em socorro do filho contra os gatos acusadores, mas se sente paralisado.

Os gatos julgadores representam as mulheres que o sonhador conheceu em sua vida boêmia e que sofreram por sua causa. Com efeito, ele se relacionava com as mulheres apenas em nível instintivo. Terá, pois, de enfrentar os aspectos não desenvolvidos da *anima*. Agora suas possibilidades de desenvolvimento, figuradas pelo pequeno gato-filho, estão aprisionadas por sentimentos de culpa inconscientes que ele necessita aceitar conscientemente. A cena, passando-se no rebordo da janela, lugar por onde entra luz, anuncia a aproximação desses sentimentos reprimidos em direção à consciência.

Imagens do gato no desenho e na pintura

Série de imagens representando gatos, pintados pela mesma mulher que reviveu o tema mítico de Dafne[30]. Transposta a fase de identificação vegetal, abre-se a série do gato que a autora havia estrangulado na vida real, identificando-se assim simbolicamente com a atitude de sua mãe na repressão da vida instintiva representada pelo animal.

Gato próximo do real (fig. 2), mas que pela sua cor verde traz em si ainda a marca da fase vegetal, vestígio de sua anterior metamorfose em planta.

A gata-mulher de fisionomia triste surge de uma flor mandálica (fig. 3). Flor, mulher, gata desdobram-se em metamorfoses contínuas.

A gata-mulher liberta (fig. 4), tal como Bastet, alegre e benévola, dançando livremente.

---

30. SILVEIRA, N. *Imagens do inconsciente*, p. 194.

Figura 2
*Adelina Gomes, 1973,
óleo sobre papel,
27,4 x 37,2 cm, [T6089]*

Figura 3
*Adelina Gomes, 1980,
guache sobre cartão,
48 x 33,2 cm, [T8634]*

Figura 4
*Adelina Gomes, 1964,
óleo e grafite sobre papel,
47,4 x 33,6 cm, [T3816]*

Mulher vestida de branco, véu igualmente branco e coroa sugerindo orelhas de gato. Ao lado, quase fundido à mulher, um gato que parece sua réplica, significando provavelmente o âmago do seu ser (fig. 5).

Pintura (fig. 6) feita nas proximidades do Natal (13 de dezembro de 1965), quando os frequentadores de nosso serviço costumam armar presépios. A autora, com efeito, pinta a estrutura de um presépio, mas, em seu centro, em vez da criança divina, está uma estrela de cinco pontas. É um cortejo de mulheres, duas das quais parecem sacerdotisas. Dirigem-se da esquerda para a direita, com as mãos erguidas em atitude de prece, para a estátua de uma gata que repousa sobre um pedestal, tal como era venerada no Egito a deusa Bastet. Assim, a autora repara o ato inicial de seu surto psicótico, em 1937, quando estrangulou a gata de estimação de sua casa. Por meio do desdobramento livre da atividade expressiva, configuradora de imagens, a autora, inicialmente muito agressiva, passa a uma atitude tranquila e cordial, numa autêntica transformação terapêutica. Essas considerações não satisfazem completa-

Figura 5
Adelina Gomes, sem data, guache sobre papel, 48,6 x 33,2 cm, [T4221]

Figura 6
Adelina Gomes, 1965, guache e óleo sobre papel, 32,9 x 47,9 cm, [T3843]

mente. Permanece ainda misterioso o processo transformativo que se desdobrou no mundo interno da autora, processo dos mais enigmáticos que existem nas coleções do Museu de Imagens do Inconsciente. Merece atenção a presença de três esferas no alto da construção do presépio, que caracterizam a religião cristã trinitária. Elevando-se acima da cabeça da estátua da gata, vê-se uma quarta esfera, que na concepção junguiana viria completar a tríade masculina cristã, representando o elemento feminino, o animal, a terra.

O gato no mundo interno do homem, configurado por vários autores, pode tanto simbolizar qualidades específicas masculinas como a imagem interna da mulher no homem: a *anima*.

Emygdio retrata belo gato repousando tranquilamente no atelier de pintura, onde gatos e cães movem-se em liberdade (fig. 7).

Raphael, com a magia sutil das linhas de seus desenhos (fig. 8), cria um gato fantástico aos pés do menino introspectivo. Sempre introvertido, gatos e cães eram seres com os quais Raphael mais facilmente se comunicava.

Figura 7
Emygdio de Barros, 1970, óleo sobre papel, 32,8 x 48,5 cm, [T9096]

Figura 8
Raphael Domingues, sem data, nanquim bico de pena sobre papel, 32,2 x 45,5 cm, [T7405]

As imagens seguintes foram pintadas por um mesmo autor.

Gato forte em atitude decididamente masculina, que representaria o ideal do autor (fig. 9).

Figura 9
Octávio Ignácio, 1977, grafite e tinta hidrocor sobre papel, 32,5 x 47 cm, [T7414]

Figura 10
Octávio Ignácio, 1967, lápis-cera e lápis de cor sobre papel, 27,7x 36,7 cm, [T8632]

Mas a *anima*, em sua elegante delicadeza, é mais forte, surpreendentemente apresentando-se sob aspecto semelhante a Bastet, numa de suas clássicas representações (fig. 10). A presença da lua reforça sua relação com aquela divindade.

A seguir, o princípio feminino, dominante no autor, aparece em seu aspecto sinistro, outra face da *anima* oposta à imagem anterior (fig. 11).

Figura 11
*Octávio Ignácio, 1968,
óleo sobre papel,
33,3 x 24,3 cm, [T8633]*

O gato adquire dimensão mitológica (fig. 12). Empunha uma espada para matar o grande peixe-
-dragão que tenta devorá-lo.

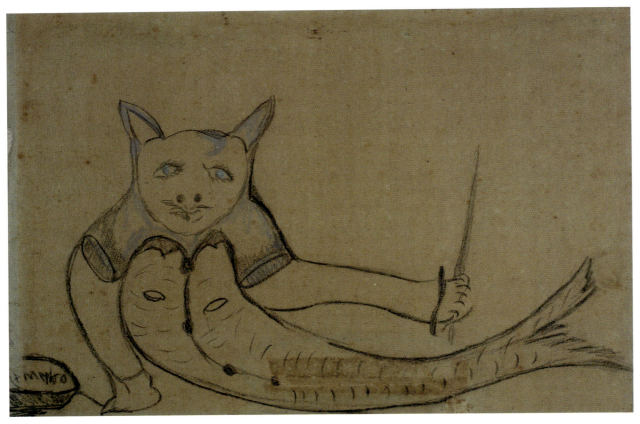

Figura 12
*Octávio Ignácio, 1969,
lápis-cera sobre papel,
32,7 x 47 cm, [T8635]*

Uma aproximação mitológica encontra-se no *Livro dos mortos* dos egípcios. O gato, a serviço de Rá, decepa cada manhã a cabeça da serpente Apófis, que encarna as potências negativas do caos constantemente destruídas e constantemente renovadas.

8
A cruz e seu simbolismo

A cruz é sem dúvida uma imagem arquetípica, configurada sob formas diversas, desde a antiguidade mais remota. Embora sejam variados seus aspectos, está sempre carregada de significações muito densas.

Talvez a mais antiga que o homem de hoje conhece seja a cruz suástica, ou *gamada*, constituída pela reunião, em ângulo reto, de quatro letras gregas *gama*. Quando seus braços se orientam para a direita, é benéfica, pois este é o sentido do curso do sol; quando se orientam para a esquerda, é considerada maléfica.

Entretanto, o arqueólogo A. Parrot afirma que a cruz gamada existia muitos anos antes dos gregos. Poderá ser encontrada desde o IV milênio na cerâmica de origem iraniana.

A cruz gamada, para muitos autores, simboliza o curso do sol como significação religiosa.

Para outros (Astley, Parrot), aquilo que mais impressiona na cruz gamada é a continuidade incessante de seu movimento, que já sugeria ao homem arcaico a inquietação do escoamento perpétuo da vida, misteriosamente contínua.

Outra forma de cruz, a cruz *ansata*, tem grande importância histórica. Por séculos, guardou o sentido de chave da vida. Na religião egípcia, é vista com frequência nas mãos de deuses e deusas, superposta aos túmulos, muros dos templos e vinhetas que ornam os papiros fúnebres. É um símbolo de imortalidade. Os primeiros cristãos se surpreenderam ao reconhecer nos muros dos templos egípcios esse sinal bastante semelhante à cruz de Cristo, provida de uma coroa.

Igualmente causou surpresa a presença da cruz na América pré-colombiana, encontrada em vários monumentos maias. Essas "coincidências" eram, sem dúvida, perturbadoras, e foram muitas as hipóteses levantadas para explicá-las, até que se chegasse a entendê-las como imagem arquetípica.

A cruz foi cada vez mais se impondo como símbolo universal.

Estreitaram-se suas relações simbólicas com a *árvore*. Foi evocada como uma árvore que sobe da terra ao céu, ponte ou escada pelas quais as almas sobem até Deus. Assim, foi na qualidade de símbolo do Centro do Mundo que a cruz foi assimilada à Árvore Cósmica[1].

---

1. ELIADE, M. *Images et Symboles*. Paris: Gallimard, 1952, p. 215.

Nos mitos são encontradas estreitas relações entre árvore-mãe-filho. Antigo mito narra que a deusa frígia Cibele se apaixonou por seu filho Átis. Enlouquecido pelo desvairado e ciumento amor materno, Átis castra-se sob um pinheiro e morre ensanguentado, para desespero da mãe. Cibele então carrega em seus braços o pinheiro para sua caverna, entregando-se a desesperadas lamentações. "A árvore obviamente significa o filho que a mãe traz outra vez para seu seio, isto é, para a caverna onde habita"[2].

E Jung frisa: "Dentre os múltiplos símbolos da cruz, sua principal significação é o de árvore da vida e de mãe"[3].

Estreitando ainda mais as relações da cruz com a árvore, lembre-se da velha lenda que sustentava ter sido o madeiro da cruz proveniente da árvore do paraíso. A Igreja cristã primitiva não dava grande ênfase à crucificação, talvez porque esse suplício representasse entre os romanos a última das ignomínias. Preferia representar o Cristo pelo peixe, símbolo do zodíaco que marca o recomeço do curso do ano pela subida do sol. O peixe indica renovação e renascimento. Cristo era ainda figurado pelo cordeiro, segundo se pode verificar nas catacumbas romanas.

Os primeiros séculos do cristianismo foram marcados por muitas divergências, inclusive quanto à crucificação. Dentre essas contradições destaca-se o gnosticismo cristão, talvez mesmo a primeira das heresias combatidas pelas autoridades da Igreja primitiva. Os gnósticos sustentavam que o personagem Jesus de Nazaré era um disfarce da divindade absoluta e, como tal, não poderia sofrer. A crucificação teria sido um fenômeno ilusório (do mesmo modo que a ressurreição e a ascensão).

Os gnósticos, de um modo geral, afirmavam que o conhecimento não seria transmitido nem por meio da ortodoxia judaica nem pela pregação dos apóstolos, que procuravam estruturar uma nova Igreja baseada nos ensinamentos que o Cristo lhes havia transmitido oralmente.

O conhecimento (gnose) não seria comunicado em termos racionais, mas surgiria do coração, intuitivamente. Surgiria de experiências internas. Só a partir do século IV a imagem do Cristo crucificado vem impor toda a riqueza de seu simbolismo.

Destaca-se, porém, já no século I, a precursora figura de Paulo como adorador do Cristo crucificado. Curiosamente, foi em Corinto, pequena cidade portuária grega, conhecida pela libertinagem de seus costumes, que Paulo, desanimado de falar aos filósofos de Atenas e aos judeus das sinagogas, abandonando argumentos, lança do mais íntimo do seu ser a exaltação do Cristo crucificado, assumindo a atitude que ele próprio denomina loucura da cruz, loucura que encerraria a sabedoria de Deus.

A pregação de Paulo influenciou bastante os primeiros cristãos, mas foi somente a partir de Constantino que a cruz se tornou o símbolo universal do cristianismo. "Durante muitos séculos, o Ocidente, sob a influência bizantina, representou o Cristo vivo e de olhos abertos, um Salvador

---

2. JUNG, C.G. *The Collected Works*, 5, p. 423.
3. Ibid., p. 269.

triunfante que porta uma coroa real. No século XII, apareceu um novo tipo, a figura emaciada com a cabeça pendente sobre um dos ombros e, mais tarde, portando a coroa de espinhos. Essa versão prevaleceu, desde então, na arte ocidental"[4].

Entretanto, como foi acentuado acima, a cruz, na qualidade de imagem arquetípica, já se havia configurado desde indeterminável antiguidade. Em primeiro lugar, deve ter sido para o homem arcaico base de orientação espacial no mundo.

Devido à maneira como se dispõem os dois elementos que a constituem, um vertical e outro horizontal, talvez representasse também a perturbadora antítese que domina todas as coisas: dia e noite, bem e mal, alegria e dor, vida e morte, sempre em eterna oposição. Sugeriria, ao mesmo tempo, uma imagem de síntese na qual se conjugassem esses opostos angustiantes.

Seria vista assim como representação de síntese, de superação de contrários, de integração de opostos, que poderá ocorrer em diferentes níveis psíquicos. Dada sua organização quaternária, "é um esquema organizador por excelência, algo semelhante aos fios cruzados de um telescópio. E um sistema de coordenadas usado instintivamente para dividir e organizar a multiplicidade caótica, tal como se dividem a superfície visível da Terra, as estações do ano, as fases da Lua, os temperamentos, as cores alquímicas etc."[5]

Mas como entender a presença de diferentes configurações da cruz, acompanhadas ou não de crucificados, em desenhos e pinturas de psicóticos? Ainda aqui, quando procurávamos instrumentos adequados para o estudo de outras imagens do inconsciente que nos causavam perplexidade, foi que encontramos o caminho elucidativo na psicologia profunda de C.G. Jung. É ele quem escreve: "Há duas tentativas compensatórias, nos símbolos que estudamos, para organizar as imagens aparentemente desconexas. Isso concorda com nossa experiência nas séries de pinturas produzidas durante a imaginação ativa e nos estados psíquicos caóticos. Em ambos os casos, símbolos quaternários aparecem frequentemente, significando estabilização por meio da ordem oposta à instabilidade causada pelo caos e tendo uma significação compensatória"[6].

Assim, pois, os símbolos não sugerem sempre unilateralidade; podem encerrar conteúdos paradoxais. Tratando-se da imagem simbólica da cruz, nela estarão possivelmente contidos impulsos para desconexão, dilaceramento, mas também forças que tendem á aproximação de contrários, harmonização de impulsos em desordem.

A psicologia junguiana, complexa e dinâmica, nos leva a ver esse jogo de opostos no âmago do mesmo símbolo, por meio do estudo das imagens espontâneas do inconsciente.

Sendo a cruz uma imagem arquetípica, presente nas mais diferentes e antigas culturas, não surpreende que surja viva em desenhos e pinturas de internados de hospitais psiquiátricos, constelada por vivências profundas de seus autores.

---

4. EDINGER, E. *O arquétipo cristão.* São Paulo: Cultrix, 1988, p. 100.

5. JUNG, C.G. Op. cit., 9II, p. 242.

6. Ibid., p. 243.

Pintura de uma mulher, representando no centro sol antropomorfizado sobre fundo preto, cercado de círculos coloridos em vermelho, verde e amarelo (fig. 1). De cada lado, dois sóis, tendo no centro uma cruz negra. Poderia dizer-se uma imagem destinada à orientação no espaço.

"A forma mais simples da quadratura do círculo é a *roda solar*, contendo uma cruz cujos quatro braços representam tradicionalmente os quatro pontos cardeais"[7].

Série de quatro desenhos de Octávio:

A original cruz em forma de labirinto logo sugere complicações e dificuldades no percurso, no encontro de solução para os opostos que a compõem, situação que bem retrata a condição de seu autor (fig. 2).

Figura 1
Beta d'Rocha, 1980, guache sobre cartolina, 35,2 x 50,2 cm, [T7992]

Figura 2
Octávio Ignácio, 1969, lápis-cera e grafite sobre papel, 33,4 x 47,8 cm, [T5139]

7. PERRY, J.W. *The Self in Psychotic Process.* University of Califórnia Press, 1953, p. 83.

O labirinto é, essencialmente, um entrecruzamento de caminhos, alguns dos quais não têm saída. É a busca do caminho que conduz ao centro. A essência do labirinto é retardar a chegada do viajante ao centro que ele quer atingir. O labirinto é um símbolo do inconsciente e de suas possibilidades desconhecidas. Aparecem labirintos em forma de cruz na Itália, na Alemanha, entre os celtas. No caso em apreço, o labirinto parece dificultar a aproximação de opostos na psique do autor.

Ergue-se uma árvore cujo topo se abre, deixando surgir do âmago uma cruz (fig. 3). Em torno do alto da cruz, galhos da árvore envolvem-na. Essa pintura mostra de maneira extraordinária a unidade árvore-cruz.

A derivação da árvore da vida é um autêntico símbolo religioso desde os tempos babilônicos. A cruz assume os temas fundamentais da Bíblia. É a árvore da vida e a árvore da ciência do bem e do mal. Também o cristianismo faz abundante uso de seu simbolismo. Transformou a árvore da morte, a cruz, na árvore da vida. Assim, o Cristo é frequentemente apresentado suspenso a uma árvore verde, entre frutos. Diz São João Boaventura: "A cruz é uma árvore de beleza; sagrada pelo sangue de Cristo, ela produz todos os frutos".

Vaso de onde emerge alta cruz grega de cor vermelha, cercada de chamas (fig. 4). O símbolo do fogo purificador e regenerador está presente do Ocidente ao Oriente.

Figura 3
*Octávio Ignácio, 1971,
óleo sobre cartolina,
55,3 x 36,9 cm, [T4560]*

Figura 4
*Octávio Ignácio, 1977,
lápis-cera sobre papel,
55,3 x 36,7 cm, [T5134]*

Essa imagem representa, de uma parte, um estado de sofrimento próximo à crucificação e, de outra, a penosa experiência da junção de opostos, inerente ao processo que levará o indivíduo a tornar-se uma totalidade.

Já vimos que para os antigos uma árvore ocupava o centro do mundo. Mais tarde, é a árvore da vida do paraíso terrestre que ocupa essa posição e, posteriormente, no cristianismo, a árvore da vida passou a simbolizar o madeiro da cruz.

Deve-se distinguir a cruz do sofrimento do Cristo da sua cruz gloriosa, cruz que, segundo o Novo Testamento, se manifestará antes da segunda vinda do Cristo.

A cruz é um símbolo ascensional (fig. 5). Segundo várias concepções religiosas, é ponte ou escada pela qual os homens chegam a Deus[8].

A cruz desenhada por Octávio é constituída em forma de aros que representariam esses degraus. Ao pé da cruz, veem-se asas, que acentuam seu caráter ascensional.

Do mesmo autor, cruz azul permeada de amarelo (fig. 6). Da base da cruz nasce uma roseira que a contorna e se expande em rosa amarela na altura de um dos braços. Enquanto em representações místicas diversas a rosa ocupa o centro da cruz, na pintura de Octávio, antes de sua completa expansão, a rosa bifurca-se em dois botões de direções opostas.

Figura 5
*Octávio Ignácio, 1971,
grafite e lápis-cera sobre papel,
55,1 x 36,6 cm, [T5140]*

Figura 6
*Octávio Ignácio, 1968,
lápis-cera e grafite sobre papel,
47,8 x 33,4 cm, [T4558]*

---

8. ELIADE, M. *Traité d'Histoire des Religions*. Paris: Payot, 1968, p. 254.

A rosa corresponde ao lótus na Ásia, ambos sempre muito próximos da roda solar. A rosa é um símbolo religioso antiquíssimo. Era aceita pelos gregos como indicadora do nascer do sol. Possuía virtudes mágicas, capazes de fazer um asno retornar, segundo se vê em Apuleio, ao homem que ele antes fora, desde que comesse rosas.

Segundo C.G. Jung, a flor de ouro é um símbolo do *self*, encontrado por ele em muitos de seus clientes.

A rosa que floresce na pintura de Octávio tem também a cor de ouro; entretanto, seus botões dispõem-se em sentidos contrários, significando que a unidade é difícil de ser alcançada, tal como o próprio autor experiencia.

Seguem-se agora imagens configuradas por Carlos.

No interior do vaso surge uma cruz em X, de cor negra, braços iguais (decussata ou de Santo André) (fig. 7). De cada lado dos braços da cruz, quatro flores amarelas em plena expansão opõem-se. Ao centro, ergue-se uma cruz branca de tipo latino, com o braço transverso muito alto. Chama a atenção que a união entre os braços vertical e transverso esteja feita ainda pelo símbolo de cruz decussata. O autor ressalta o problema dos opostos pela diversidade das cores (negra e branca) e pela representação de dois tipos de cruzes: decussata e latina.

Cruz negra sobre a qual se superpõe grande cruz branca, constituída por formas circulares (fig. 8). Ao centro das duas cruzes superpostas, vê-se uma estrela de seis pontas (estrela de davi),

Figura 7
*Carlos Pertuis, 1976,
pastel sobre cartão,
41,2 x 33,6 cm, [T9082]*

Figura 8
*Carlos Pertuis, 1959,
óleo sobre tela,
73 x 53,5 cm, [T501]*

"resultante do encontro de dois triângulos invertidos, que representariam espírito e matéria, os princípios ativo e passivo, o ritmo de seu dinamismo, a lei da evolução e da involução"[9].

A estrela de davi, ocupando o centro da cruz, reforça o simbolismo da união dos opostos, representado pela intersecção dos braços.

Barco do qual se erguem duas cruzes inclinadas (fig. 9). Entre as cruzes, um grande pássaro, símbolo do espírito, levanta voo. Carlos morre um mês e meio depois.

Figura 9
Carlos Pertuis, 1977, lápis-cera sobre papel, 33,3 x 49,1 cm, [T6159]

Um estudante de medicina, estagiário num de nossos hospitais psiquiátricos, relatou o seguinte fato: um doente achava-se no corredor do hospital, de pé, os braços abertos, como se estivesse crucificado. Permanecia nessa posição já havia muitas horas. Todos se perguntavam por quanto tempo ele conseguiria manter-se assim. Fizeram-se até apostas. Ficaria com os braços em cruz até a noite, até o dia seguinte?

Ninguém se preocupou em conhecer a mensagem que aquele jovem estava transmitindo. Só esse estudante falou ao doente e ouviu sua resposta balbuciada: era preciso continuar crucificado para salvar o mundo de uma total catástrofe.

Não é difícil perceber que esse homem se identificava ao Cristo – e repetia-lhe o gesto máximo: a crucificação. Entre ideia e ato haveria, pois, uma perfeita coerência. Mas nem sempre a conexão entre expressão motora e delírio é tão evidente. Esse é um exemplo muito claro de fenômenos intrapsíquicos que se apresentam dentro da linguagem de nossa cultura. Não é raro que indivíduos internados em hospitais psiquiátricos, ou mesmo fora dessas masmorras, vivenciem identificação com o arquétipo do Cristo. "A vida de Cristo, entendida em termos psicológicos, representa as vicissitudes do

---

9. CHEVALIER, J. *Dictionnaire des Symboles*. Paris: R. Laffont, 1969, p. 336.

Si-Mesmo em sua encarnação num ego individual, bem como as vicissitudes do ego no processo de participação nesse drama divino. Em outras palavras, a vida de Cristo representa o processo de individuação. Esse processo, quando sobrevém a um indivíduo, pode significar salvação ou tragédia"[10].

Se a identificação de Paulo, o apóstolo, com o Cristo foi salutarmente exaltante, noutros casos o mesmo arquétipo, encontrando um ego frágil, submerge-o. "Se o ego tende a identificar-se com o *self*, há perigo de grave inflação e fragmentação da consciência pela invasão de grande quantidade de libido contida nesse arquétipo"[11].

Carlos disse a um visitante do Grupo de Estudos, suspendendo a manga de sua camisa e mostrando-lhe os músculos do braço: "Em cada fibra de meu corpo o Cristo habita". Um interno da Colônia Juliano Moreira, Artur Bispo, repetia: "Você está falando com Jesus Cristo. Jesus Cristo sou eu".

O Cristo continua um mito vivo na cultura ocidental, sendo também muitas vezes configurado no ato de desenhar ou pintar por muitos frequentadores do atelier do museu.

Figura 10

Raphael passava pequenos períodos de "licença hospitalar" em sua residência. Almir Mavignier, que nessa ocasião colaborava conosco no setor de pintura da Seção de Terapêutica Ocupacional, entusiasmado pelos desenhos de Raphael, visitava-o assiduamente, estimulando-o a não interromper seus trabalhos.

Certo dia Almir colocou diante de Raphael um crucifixo pertencente a sua mãe (fig. 10).

O primeiro desenho é um crucifixo próximo do modelo, frequentemente encontrado nos oratórios domésticos (fig. 11). Mas logo a seguir Raphael desenha dois outros

Figura 11
*Raphael Domingues, 1949,
nanquim bico de pena sobre papel,
36,1 x 26,9 cm, [T2729]*

10. EDINGER, E. Op. cit.
11. PERRY, J.W. Op. cit., p. 46.

crucifixos que se afastam do modelo inicial, permitindo-nos a visão de um corte em profundeza na psique.

O segundo crucifixo afasta-se completamente do modelo cristão (fig. 12). Esse crucificado tem barba e asas, muito semelhantes às das representações de divindades assírias.

O terceiro crucifixo de Raphael, desenhado logo a seguir, representa uma cruz de bordos ornamentados sobre a qual se vê superposto um jovem de aspecto andrógino, os braços abertos, não

Figura 12
Raphael Domingues, 1949, nanquim bico de pena sobre papel, 30,8 x 47,6 cm, [T2698]

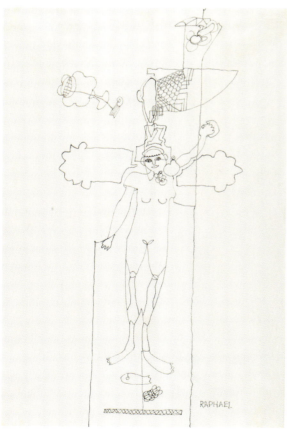

pregados à cruz, um erguido para o alto e outro dirigido para baixo, um indicando o céu, o outro, a terra (fig. 13).

Convém lembrar que nas representações artísticas dos primeiros tempos do cristianismo o Cristo não aparece pregado à cruz, mas de pé diante dela, com os braços abertos.

Mais curioso ainda é que, abaixo dos pés dessa imagem, Raphael desenhou um peixe, símbolo do Cristo, cognominado pelos cristãos primitivos "o Peixe".

Emygdio pinta um Cristo em cor predominantemente vermelha, crucificado sobre cruz branca (fig. 14). Esse Cristo está bem próximo dos

Figura 13
Raphael Domingues, [1949], nanquim bico de pena sobre papel, 47,6 x 31,7 cm, [T2350]

modelos habituais cristãos. Entretanto, o mesmo autor, descendo às profundezas da psique, representa o tema da crucificação não mais sobre a cruz, mas sobre uma roda, tal qual o castigo imposto por Júpiter a Íxion, selvagem deus solar. Essa pintura é também feita em tons vermelhos, indicadores de fortes emoções. Essa imagem arquetípica foi constelada por vivências pessoais do autor[12].

O tema da crucificação é também representado por mulheres.

Pintura de Adelina na qual se vê, como figura central, uma mulher branca, crucificada, tendo de cada lado uma outra mulher, ambas em cor verde, os braços abertos em postura de crucificação (fig. 15). Um fio branco liga essas figuras laterais à mulher que ocupa o centro. Aos pés desta última destaca-se nitidamente grande folha incorporada a elementos vegetais verdes, que constituem todo o fundo da pintura e correspondem às vivências pessoais sofridas pela autora em sua metamorfose em vegetal[13].

Figura 14
Emygdio de Barros, sem data, guache sobre papel, 31,5 x 47,7 cm, [T8534]

Figura 15
Adelina Gomes, 1970, óleo sobre papel, 48 x 32,9 cm, [T8529]

12. SILVEIRA, N. *Imagens do inconsciente*, p. 121.
13. Ibid., p. 206.

Pintura de mulher representando um crucificado, cujo corpo é a própria cruz, em cor vermelho-viva, coroado por traços amarelos (fig. 16). De cada lado, cruzes semelhantes de menores proporções, encimadas pelas palavras *sol* e *lua*. "Em torno da cruz é frequente encontrar-se opostos os dois ladrões, o portador da lança e o portador da esponja, e até o sol e a lua. A crucificação é claramente uma *conjunctio*, manifestando, por conseguinte, a fenomenologia desse simbolismo"[14].

Pintura de Mário (fig. 17). O autor representa-se como árvore desnuda que tem a forma de cruz provida apenas de dois longos braços. O braço direito, sobre fundo azul, sustenta uma rosa que toca uma cruz. O braço esquerdo, sobre fiando vermelho, segura um punhal. No alto da cruz, entre dois curtos ramos, destaca-se um único olho. Essa pintura revela nítido dilaceramento entre opostos. E retrata "o estado do homem que não atingiu a unidade interna, daí a situação de escravidão e desunião, de desintegração e de ser dilacerado entre diferentes direções – um estado não redimido que aspira à união, reconciliação, redenção, cura e totalidade"[15].

Figura 16
*Beta d'Rocha, 1980,
guache sobre cartolina,
48,3 x 33,3 cm, [T8538]*

Figura 17
*Mario Ferreira da Silva, 1974,
óleo sobre cartolina,
36,7 x 55,2 cm, [T4551]*

---

14. EDINGER, E. Op. cit., p. 101.
15. JUNG, C.G. Op. cit., 16, p. 208.

Outro frequentador do atelier, Octávio, diz que "existem vários tipos de cruz. Cada um tem a sua cruz". A cruz de Octávio é o dilaceramento entre masculino e feminino, que ele representa em figura hermafrodita crucificada[16].

Na obra de Octávio surgem numerosas pinturas e desenhos de crucificados, relacionados à sua problemática individual de distensão entre opostos, um dos mais representativos motivos da crucificação. Mas pode acontecer que na viagem interior a condição pessoal leve a profundezas psíquicas maiores e possam então emergir imagens arquetípicas de crucificados sofredores não cristãos. Assim, um dos crucificados de Octávio não se acha pregado ao madeiro, tem braços e pés livres e, sobre a cabeça, uma coroa de raios solares, e não coroa de espinhos (fig. 18). Algo semelhante ocorreu nos desenhos de Raphael citados acima, que se vão afastando do modelo cristão de nosso tempo.

Figura 18
*Octávio Ignácio, 1970,
grafite sobre papel,
46,4 x 33 cm, [T5137]*

Outro aspecto merecedor de destaque é a crucificação de animais, fenômeno que não significa necessariamente condição deprimente. "Eu prefiro considerar os animais nos sonhos como deuses, como autóctones poderes, divinos, inteligentes, que exigem respeito"[17].

Octávio desenha um cavalo crucificado. E comenta: "Como é que esqueceram que o Cristo tem a própria descendência dos animais? A gente sente na nossa carne o próprio valor do animal"[18].

O mesmo autor desenha um touro crucificado. Que esse animal representa o Cristo, não há dúvida, pois no alto da cruz acham-se as letras INRI (Jesus Nazareno Rei dos Judeus). O teólogo cristão Tertuliano (160-220) diz: "... O Cristo foi denominado o touro por causa de duas realidades: ele é, de uma parte, duro (*ferus*) como um juiz e, de outra, manso (*mansuetus*) como um salvador. Seus cornos são as extremidades da cruz"[19].

Mais curioso ainda é que Octávio desenha na testa do touro um terceiro olho, símbolo de penetrante percepção.

---

16. SILVEIRA, N. Op. cit., p. 296.
17. HILLMAN, J. *The Dream and the Underworld*. Nova York: Harper and Row, 1979, p. 147.
18. SILVEIRA, N. Op. cit., p. 119.
19. Ibid., p. 335.

Outra pintura de Octávio: uma serpente enrola-se, com muita vivacidade, em torno de uma cruz provida de dois braços horizontais (cruz grega) (fig. 19).

O Antigo Testamento relata que Moisés suspendeu numa haste uma serpente de bronze e que aqueles que fossem mordidos por esses répteis do deserto e os olhassem ficariam curados. No Novo Testamento, Cristo é comparado a essa serpente de bronze. "E do mesmo modo que Moisés elevou a serpente no deserto, assim tem de ser elevado o Filho do Homem, para que todo aquele que crê nele tenha a vida eterna" (João 3,14).

Por meio desses exemplos, vemos que as chamadas "ideias delirantes" dos esquizofrênicos, segundo a psiquiatria tradicional, e as imagens por eles configuradas possuem significações várias. Nas viagens em profundeza percorridas nessas trajetórias abissais poderemos encontrar configurações do arquétipo da cruz, pagãs ou cristãs, ficando assim comprovada a vitalidade dessa imagem arquetípica.

Figura 19
*Octávio Ignácio, 1969,
óleo e guache sobre papel,
32 x 23,3 cm, [T5157]*

9
Metamorfoses e transformações

Nesse pedaço de natureza que é a psique acontecem tantos fenômenos de ordens diversas, instintivos, arquetípicos, imaginários, racionais... todos se cruzando e percorrendo caminhos de muitas voltas. É apaixonante tentar acompanhá-los, pois nenhum, mesmo em estados do ser ditos patológicos, jamais perde o imantado fio que lhe dá sentido.

Destaquemos aqui dois desses processos, ambos muito atraentes – *metamorfoses* e *transformações*. Suas denominações muitas vezes se confundem e, de fato, seus conceitos não raro são difíceis de delimitar.

Metamorfoses

Vamos partir do ponto de vista que vê, na metamorfose, mudança de forma, sem que haja simultaneamente paralela alteração na essência do ser metamorfoseado. Começando por exemplos máximos, lembremos deuses que se metamorfoseiam.

Júpiter reveste-se da forma de touro, mistura-se aos rebanhos que descem das montanhas até as praias do reino de Sídon. Esse touro é branco como a neve, seus músculos são possantes, a pelagem macia, os cornos diáfanos, mas no âmago de seu ser permanece inalterada a essência do mais poderoso dos deuses. A bela Europa, filha do rei, aproxima-se a princípio hesitante, mas logo o temor desaparece. O touro estende-se mansamente sobre a areia da praia. Europa encoraja-se a montar sobre o dorso do extraordinário animal, e este, súbito, eleva-se no ar, levando a presa ambicionada[1]. Ainda sob a forma de cisne, conquista Leda; transformando-se em nuvem, une-se a Io; como chuva de ouro, fecunda Dânae.

Se algumas vezes o motivo da metamorfose é a paixão amorosa, outras vezes seu objetivo será o castigo.

Baco repousava à beira-mar quando foi visto por piratas vindos da Etrúria. Os piratas aprisionaram-no e o embarcaram em seu navio, julgando-o filho de um rei e esperando opulento resgate pela sua liberdade. O piloto logo percebeu que o jovem não era apenas um príncipe. Eles haviam aprisionado um ser divino. Conclamou inutilmente o capitão a desembarcá-lo, mas o capitão não quis ouvi-lo, e o navio foi posto a velejar. Então surgem prodígios. Ergue-se uma vinha que envolve

---

1. OVÍDIO. *Les Métamorphoses* I. Paris: Garnier Frères, 1953, p. III

com seus ramos os mastros do navio. Baco metamorfoseia-se num leão feroz, que num salto dilacera o capitão. E os marinheiros, apavorados, lançam-se ao mar metamorfoseados em delfins. Só o piloto, que havia intercedido pelo deus, foi poupado[2].

Na história da ciência, um dos pontos de partida foi a demarcação de limites entre "os três reinos da natureza". A seguir, veio o lento trabalho de ordenação dos minerais, vegetais e animais no âmbito de seus respectivos "reinos", procurando-se sempre as semelhanças e, sobretudo, as diferenças que permitissem caracterizar grupos. A função preliminar do pensamento racional é, sem dúvida, diferenciar as coisas umas das outras e ordená-las dentro de regras lógicas.

Mas no inconsciente esses procedimentos de discriminação e de ordenação valem muito pouco. Não há fronteiras impossíveis de se transpor entre os *reinos* da natureza[3]. As formas das coisas não têm limites precisos. São mutáveis a cada instante, seguindo movimentos dirigidos por forças insubmissas às regras estritas do pensamento racional. O próprio homem ora se superpõe, ora se confunde com a natureza.

O fenômeno da metamorfose permeia todas as áreas da produção imaginativa do homem. Não poderá, portanto, deixar de possuir profunda significação psicológica. Insistirá sobre o laço secreto que une na profundeza todas as coisas – pedra, vegetal, animal, homem, deus? Dará configuração a aspectos da psique que se mantêm ocultos nas cavernas da sombra? E quantas outras coisas mais dirá em linguagem simbólica?

Nos livros tradicionais de psiquiatria encontram-se referências a ideias delirantes, nas quais o doente assume a metamorfose em lobo. Era a licantropia dos antigos tratados de psiquiatria, fenômeno frequente, sobretudo nas épocas em que lobos ainda rondavam aldeias europeias, amedrontando as populações. Aí estava um adequado cabide para receber projeções de pulsões agressivas.

Mas idêntica metamorfose ainda hoje aparece fora da psiquiatria, no folclore de muitos povos. Câmara Cascudo assim descreve o lobisomem brasileiro, o homem que se metamorfoseia em lobo. "Como homem é extremamente pálido, magro, macilento, de orelhas compridas e nariz levantado. A sua sorte é um fado, talvez a remissão de um pecado ou uma sorte apenas. Nasce-se lobisomem. Aos treze anos, numa terça ou sexta-feira, sai de noite e, topando com um lugar onde um jumento se espojou, começa o fado. Daí por diante, todas as terças e sextas-feiras, da meia-noite às 2h o lobisomem tem de fazer a sua corrida... até regressar ao mesmo espojadouro, onde readquire a forma humana"[4].

Os exemplos são múltiplos.

M.-L. von Franz, a maior autoridade europeia na pesquisa dos contos de fada, diz que estudá-los seria de certa maneira estudar o esqueleto da psique, pois neles se encontram, desnudadas, suas estruturas básicas.

Os contos de fada são representações de acontecimentos psíquicos. Pertencem ao mundo arquetípico, por isso seus temas reaparecem de maneira tão evidente e pura nos contos de países os mais distantes, em épocas as mais diferentes, com um mínimo de variações. Daí as metamorfoses serem tão

---

2. DIMIER, L. *Les Hymnes Homériques.* Paris: Garnier Frères, p. 69.
3. JUNG, C.G. *The Collected Works,* 5, II.
4. CASCUDO, L.C. *Dicionário do Folclore Brasileiro.* Rio de Janeiro: Instituto Nacional do Livro, 1954, p. 359.

frequentes nos contos de fada, dando-lhes um encanto peculiar. Mostram que as fronteiras entre os seres, nas profundezas da psique, não são irremovivelmente separadas. Príncipes, princesas, personagens diversos são transformados em animais, vegetais, pedras, para recuperarem a condição humana no final do conto, depois de muitas vicissitudes que exprimem um drama desenrolado no inconsciente.

No mundo da arte, as metamorfoses sempre estiveram presentes.

A arte gótica, não impondo modelos do real externo, deixando livre a imaginação do artista, fervilha em metamorfoses.

Na literatura moderna fazem o mesmo os escritores Virginia Woolf, em *Orlando,* e Kafka, no extraordinário conto A *metamorfose,* no qual é narrada a história de Gregor Samsa, modesto viajante comercial, que certo dia amanheceu metamorfoseado num monstruoso artrópode, espécie de barata gigantesca. Agora irremediavelmente separado dos outros homens, guardando dentro de si a consciência dessa separação, Gregor debate-se, incompreendido dentro de sua nova e estranha condição. Lido atentamente, percebe-se que o conto de Kafka aproxima-se muito da sofrida experiência da condição esquizofrênica.

Exemplos de metamorfoses são abundantes na pintura e na poesia surrealista, uma vez que pintores e poetas abandonam deliberadamente o pensamento lógico para entregar-se à inspiração do inconsciente. Também em muitas de suas telas os pintores contemporâneos Klee e Picasso metamorfosearam seres.

Mesmo que vivencie metamorfoses, o artista conserva sempre a possibilidade de recuar, de voltar para o mundo da realidade, onde cada ser mantém a forma específica de sua espécie. Assim não acontece na esquizofrenia. Recuar, voltar de mergulho profundo no inconsciente, não é coisa fácil, sobretudo quando faltam relação afetiva e compreensão.

Estejamos, pois, prevenidos, a fim de estudar com muita seriedade e respeito as metamorfoses que se manifestam nos delírios dos loucos (delírio de metamorfose noutra pessoa, às vezes do sexo oposto, metamorfose em animal, vegetal, pedra, máquina) e que se deixam surpreender nos seus desenhos ou pinturas. Não se trata de metáforas. Essas metamorfoses são experiências vividas, reais e quase sempre dolorosas.

Como se sentirá o indivíduo num mundo movediço, onde cada coisa, cada ser, pode metamorfosear-se de um momento para outro noutra coisa, noutro ser, onde todos os impossíveis acontecem?

Entre tantos desafios que a psiquiatria nos propõe, um dos mais estranhos é o das metamorfoses, que vem abalar o princípio aristotélico estabelecido nos manuais de filosofia; "impossibilidade de mudança de um gênero num outro". Mas esse princípio é abalado quando o imaginário abre caminho por entre as rígidas regras do pensamento racional. Poderão mesmo ocorrer profundas modificações do ser, verdadeiras metamorfoses. Esse fenômeno ocorre quando a consciência não mais consegue preservar sua integridade. Quanto mais se acha perturbado o pensamento lógico, mais força adquire o pensamento simbólico, a ponto de produzir consistentes vivências de metamorfoses do ser. Essas metamorfoses quase sempre se acham fixadas ao núcleo emocional que provocou a cisão psíquica.

"As metamorfoses podem ser ascendentes ou descendentes, representar recompensa ou castigo. Entretanto, as modificações das formas parecem não afetar, em seu âmago, a individualidade propriamente dita. Poderíamos concluir que as metamorfoses são expressões do desejo, da censura, do ideal, da punição, originadas nas profundezas do inconsciente, tomando forma na imaginação criadora"[5].

Do ponto de vista junguiano, o conceito de metamorfose amplia-se ainda mais. Não narra apenas desejos e outras expressões de sentimentos individuais. Será preciso descobrir nas metamorfoses a possível presença de formas herdadas de imaginar, experienciadas por incontáveis seres humanos ao longo da história e que foram reativadas no presente por situações pessoais.

Em imagens pintadas no Museu de Imagens do Inconsciente encontraremos metamorfoses em pedra, em vegetal, em animal.

A metamorfose em pedra é realmente um fenômeno impressionante. Laing estudou a petrificação, entendendo-a, na maioria dos casos, como derrota, incapacidade para ação. Certo, uma das mais intensas ansiedades do esquizofrênico é o medo de perder a autonomia, isto é, de passar de homem que possui subjetividade própria a uma coisa, um mecanismo, uma pedra, tratado como se não existisse. A necessidade de ser percebido não é, certamente, apenas assunto visual. Estende-se à necessidade de ter a presença endossada ou confirmada pelo outro, a necessidade, enfim, de ser amado[6]. Foi o que aconteceu a Isaac, como vimos no capítulo 3, fig. 7.

Uma mulher revestida de carapaça composta de várias pedras unidas entre si (fig. 1). Só a face e os braços permanecem humanos. Essa situação corresponde, segundo M.- L. von Franz, a condições nas quais violentas emoções crescem com tal intensidade que o indivíduo paradoxalmente se torna frio (estado de gelo), e se a situação progride ainda mais, ele se petrifica. É o que em psiquiatria se denomina estado catatônico. Pode-se dizer que o indivíduo em estado catatônico acha-se petrificado por emoções inconscientes[7].

Figura 1
*Adelina Gomes, 1960, guache e óleo sobre papel,
31,7 x 46,2 cm,
[T4371]*

---

5. CHEVALIER, J. *Dictionnaire des Symboles*. Paris: Robert Laffont, 1969, p. 506.
6. LAING, R.D. *The Divided Self*. Londres: Tavistock, 1959, p. 128.
7. VON FRANZ, M.-L. *Shadow and Evil in Fairytales*. Nova York: Spring, 1974, p. 210.

São estreitas as relações entre a mulher, os vegetais, as árvores.

A árvore mítica por excelência é a árvore da vida. Brotam de seus ramos folhas, flores, frutos. É uma árvore mãe. Essa é a sua principal representação, embora a árvore possa ainda simbolizar numerosas significações. "... A riqueza" e a vitalidade de um símbolo exprimem-se mais em sua mudança de significado[8].

A mulher que teme a realização completa de seu ser feminino, ou a isso é impedida por autoridades exteriores, reveste-se muitas vezes da imagem da árvore em seus sonhos, imaginações, delírios. Na linguagem mítica, que é a linguagem do inconsciente, foi o que aconteceu à ninfa grega Dafne em sua fuga de Apolo.

Em várias imagens pintadas livremente no Museu de Imagens do Inconsciente essa metamorfose é autorretratada. Adelina assumiu muitas vezes a forma de flor[9].

O dinamismo da vida recorre às metamorfoses como meio para afirmar-se, embora parcialmente.

Outras vezes a mulher regride à condição vegetal, chegando a configurar-se como feto de cor verde (fig. 2). Note-se que o cordão umbilical nessa pintura está ligado a uma folha.

Figura 2
*Adelina Gomes, 1961,
guache sobre papel,
32,9 x 48,2 cm, [T2849]*

---

8. JUNG, C.G. Op. cit., 13, p. 272.
9. SILVEIRA, N. *Imagens do inconsciente*, p. 178.

A autora dessa imagem (fig. 3), não conseguindo estruturar-se subjetivamente como mulher, escreveu ao lado da pintura: "Eu queria vir ao mundo, mas não achava um jeito. Então vim em forma de árvore, que é um modo lindo e perfeito, por isso me transformei em árvore".

Figura 3
*Maria de Lourdes Simões, 1978,
tinta hidrocor sobre papel,
22 x 29,3 cm, [T7145]*

Correntemente, pensa-se que a metamorfose em animal significa um fenômeno de regressão. E muitas vezes esse fenômeno ocorre nesse sentido psicológico.

Essa era a interpretação da psiquiatria clássica. Por exemplo, E. Bleuler refere o caso de uma catatônica que durante longo período se considerou um cão e frequentemente latia como se o fosse. Outra doente insistia em afirmar que era um tubarão. "Nos dois casos a significação da metamorfose é óbvia – uma degradação simbólica da personalidade"[10].

Mas nem sempre essa interpretação é correta. "Tanto para o primitivo como para o inconsciente, o aspecto animal não implica necessariamente qualquer desvalorização, pois sob certos aspectos o animal é superior ao homem"[11]. Não só na área biológica, pois um gato pode saltar de uma posição de repouso cerca de sete vezes a sua altura, enquanto o recorde humano para salto em altura, após uma

---

10. BLEULER, E. *Dementia Praecox or the Group of Schizophrenias.* Nova York: International Universities Press, 1950, p. 124.
11. JUNG, C.G. Op. cit., 9, p. 230.

Figura 4
*Carlos Pertuis, 1957,
óleo e grafite sobre cartolina,
48,3 x 33,5 cm, [T3247]*

corrida, sequer chega a nossa própria altura[12]. Também jamais se ouviu dizer que um cão haja traído o seu amigo. O mesmo não acontece, evidentemente, no mundo dos homens. Freud diz numa entrevista concedida a G.S. Viereck: "Eu prefiro a companhia dos animais à companhia humana... A maldade é o resultado do conflito entre nossos instintos e nossa cultura. Muito mais agradáveis são as emoções simples e diretas de um cão ao balançar a cauda, ou a latir expressando seu desprazer"[13].

Nos contos de fada são muito frequentes as metamorfoses de príncipes e princesas em animais, por encantamentos maléficos. Outras vezes, são fortes componentes animais existentes no homem que se apoderam dele e o metamorfoseiam no animal correspondente. "Assim, ser convertido num animal não é viver de acordo com os próprios instintos, mas ser parcialmente dominado por um impulso instintivo unilateral que perturba o equilíbrio humano"[14].

Em desenhos e pinturas ocorrem também metamorfoses em animais. Sobre uma de suas pinturas, Carlos diz: "Duas pessoas numa só por nome Carlinho, as outras duas é o Ary transformando-se num porco. A que está no meio continua sendo o Carlinho" (fig. 4).

Ary foi um antigo amigo de Carlos, por quem na juventude provavelmente sentia atração sexual. Em resumo: a figura do centro, que "continua sendo o Carlinho", mulher em vestes brancas, representa o princípio feminino (*anima*) na psique de Carlos, princípio que aí ocupa posição central. Note-se que o perfil em cor verde, Ary com cabeça de porco, se encaixa de maneira exata no perfil da mulher de branco.

---

12. AMORY, C. *O gato que veio para o Natal*. São Paulo: Círculo do Livro, 1990, p. 42.
13. SOUZA, P.C. (org). *S. Freud e o gabinete do Dr. Laean*. São Paulo: Brasiliense, 1989, p. 123.
14. VON FRANZ, M.-L. *O significado psicológico dos motivos de redenção nos contos de fadas*. São Paulo: Cultrix, 1985, p. 49.

Esse desenho exprime um conflito fundamental na existência de Carlos. Além das pulsões homossexuais reprimidas, o componente feminino, *anima*, esperada depositária de puros sentimentos, regride a baixo nível, vindo ao encontro de Ary, cabeça de porco, adaptando sua face ao focinho do animal, símbolo de materialidade grosseira e de imundície.

Nessa situação, o ego é apenas um personagem entre outros conteúdos psíquicos autônomos. Pode-se fazer por meio dessa imagem uma ideia de sua insegurança ontológica. Daí a necessidade constante que ele tem de confirmar sua instável identidade. Repetidamente afirma, movido por forças de defesa da psique: "Sou Carlinho, Carlinho mesmo".

De Octávio, uma metamorfose dinâmica (fig. 5). Figura que possui elementos humanos e animais. O pé esquerdo, de quadrúpede, está preso por pesada corrente à animalidade, enquanto o pé direito, de forma humana, esforça-se para caminhar em frente, com o auxílio de uma bengala sustentada pelo braço esquerdo. A face reúne elementos humanos (até portando óculos) e animais, bem definidos por fortes cornos.

Figura 5
*Octávio Ignácio, 1976,
grafite sobre cartolina,
36,5 x 54,8 cm, [T6865]*

"Implicitamente, as metamorfoses repousam sobre uma estranha ontologia; elas engendram uma lógica singular: o ser não é aquilo que ele é; o mesmo e o outro se identificam; cada objeto, cada ser vivo, traz em si poderes múltiplos e contraditórios que ele pode pôr em ação imediatamente"[15].

---

15. LASCAULT, G. *Le Monstre dans L'Art Ocidental*. Paris: Klincksieck, 1973, p. 163.

Figura 6
*Octávio Ignácio, 1969,
lápis-cera e grafite sobre papel,
46,7 x 31,1cm, [T9093]*

Outro desenho de Octávio, mesclando elementos humanos e animais (fig. 6). As pernas humanas dão continuidade a uma serpente, símbolo masculino, que atravessa o crescente da lua, imagem do feminino.

"Quando o arquétipo primordial toma forma na imaginação do homem, suas representações são frequentemente monstros inumanos. Essa é a fase dos seres quiméricos compostos de diferentes animais ou de animal e homem"[16].

Sem dúvida, todas essas estranhas imagens originadas espontaneamente, sem que seus autores possuam qualquer conhecimento de imagens semelhantes configuradas no mundo antigo, encerram significados psicológicos. Escreve C.G. Jung: "Essas imagens não teriam sido forjadas,

---

16. NEUMANN, E. *The Great Mother*. Londres: Routledge Kegan Paul, 1955, p. 13.

esses monstros não teriam servido de expressões simbólicas, se isso não correspondesse em nós a alguma necessidade"[17].

R. Laing relata um estranho caso de metamorfose. Trata-se, em resumo, de uma mulher que fora bonita, casara-se, mas cedo descobriu que o marido era homossexual. Aos quarenta anos, sua beleza feneceu. Sentia a vida vazia, sem sentido.

Então, repentinamente, sentiu-se repleta de amor. Falava sem parar de amor. Sua missão era fazer o mundo entender que a resposta exclusiva para as misérias da vida era o amor. Foi então internada sob o diagnóstico de psicose maníaco-depressiva num hospital onde lhe foram administrados tranquilizantes e eletrochoques. O sentimento de amor que a invadia desapareceu. "O tratamento lhe subtraiu a energia, escureceu-lhe a iluminação e arrefeceu-lhe o entusiasmo. Estava curada. Sentia-se morta; mas continuou sua vida como se fosse um verdadeiro cadáver"[18].

Certa noite veio consultá-lo. Era uma Sexta-Feira Santa. Ela se encontrava numa casa de campo, desabitada, onde ficou sozinha até a segunda-feira seguinte. À tarde, circulou a esmo pela casa, quando um ódio louco e feroz se apoderou dela. Era o Espírito da Vida e do Amor. Resistir ou ceder? Resolveu entregar-se. Assim que tomou essa decisão, ficou calma e lúcida. Foi a um quarto, onde apanhou um cobertor a fim de fazer uma cama para um cachorro sob a mesa da cozinha. Surpreendeu-se tirando a roupa e transformando-se num cachorro. Grunhia e andava ao redor da casa, até que escureceu, quando foi montar guarda na adega. Depois, saiu da adega para montar guarda no sótão. Brilhava a lua cheia. Colocou as patas dianteiras no peitoril da janela e uivou para a lua. A seguir, desceu para montar guarda novamente na adega. Repetiu o ritual três vezes. Saiu então da adega e foi deitar-se sobre o cobertor, embaixo da mesa da cozinha. Acordou de madrugada, depois de um sono agradável. Então viu-se como uma senhora nua, enrolada num cobertor, debaixo da mesa da cozinha. Levantou-se, tomou banho, vestiu-se. Era segunda-feira de Páscoa. Sentia-se bem. Nunca mais se sentiu morta. Acredita na Ressurreição. Passou a viver uma vida ativa e normal[19].

Por meio dessa metamorfose, a mulher, que se sentia desvitalizada, morta, retomou contato com as forças vivas que se achavam adormecidas no inconsciente, num verdadeiro ritual de renovação traçado pelas forças autocurativas.

As metamorfoses felizes são aquelas que trazem ao ser um aumento de vitalidade, como aconteceu nesse caso descrito por Laing. Ao contrário, as metamorfoses vividas na angústia, diz Bachelard, representariam para o indivíduo que delas é vítima uma lentificação, um apagamento da vitalidade, semelhante aos sofrimentos de Gregor Samsa, dolorosamente descritos por Kafka[20].

Transformações

O leitor atento dos livros de Jung observará a repetição frequente da palavra *transformação* em seus escritos referentes à psicoterapia.

---

17. JUNG, C.G. *L'Homme à La Découverte de Son Âme*. Suíça: Mont-Blanc, 1962, p. 290.
18. LAING, R.D. *A voz da experiência*. Petrópolis: Vozes, 1988, p. 191.
19. Ibid., p. 190.
20. BACHELARD, G. *Lautréamont*. Paris: Libraire José Corti, 1956, p. 17.

Já em *Problemas da psicologia moderna* (1929)[21], Jung distingue, no processo psicoterápico, quatro etapas:

1 – Catarse: revivescência de acontecimentos traumatizantes, acompanhados da liberação de emoções a eles vinculados.

2 – Será preciso esclarecer os conteúdos inconscientes que emergiram na catarse e enfrentar o problema da transferência, a fim de serem dissolvidos os laços criados entre o doente e o médico no curso da catarse. Vêm à tona conteúdos psíquicos que, não fora a análise, permaneceriam ocultos, porém atuantes no inconsciente. Não apenas elementos incestuosos no sentido estrito da palavra, mas também inimagináveis torpezas que não raro se amalgamaram na sombra de cada ser humano.

3 – Trata-se da educação para a vida social. O indivíduo, agora consciente de seus componentes psíquicos claros e sombrios, terá possibilidades de melhor adaptação social.

4 – Nesta quarta etapa, tipicamente junguiana, pergunta-se: Que poderá pretender o indivíduo depois de haver atingido satisfatória adaptação social? Se ele se encontrava abaixo do nível médio de adaptação, o objetivo foi alcançado. Mas, para aqueles que não haviam tido dificuldades em movimentar-se nesse dito nível normal, haverá o impulso em busca de transformações do próprio ser, no sentido de alcançar maior diferenciação de suas possibilidades ainda não de todo desenvolvidas, e de atingir mais alto nível de consciência, embora nem sempre tais transformações correspondam exatamente aos padrões sociais aceitos pela maioria.

Todo ser tende a realizar o que existe nele em potencial, a crescer, completar-se. É o que acontece à semente do vegetal e ao embrião do animal. O mesmo ocorre ao homem, quanto ao corpo e quanto à psique. Mas no homem, embora o desenvolvimento de suas potencialidades seja impulsionado por forças instintivas inconscientes, adquire provavelmente caráter peculiar. O homem será capaz de tomar consciência nítida desse crescimento e mesmo de influenciá-lo. Esse crescimento, muitas vezes difícil e até doloroso, caminha na busca de completação da personalidade específica de cada um, isto é, daquilo que C.G. Jung denomina processo de individuação. "A significação e propósito desse processo é a realização, em todos os seus aspectos, da personalidade, originalmente oculta de forma embrionária; a produção e desdobramento da totalidade existente em potencial"[22].

Foram as próprias experiências internas de Jung que o levaram à descoberta do processo de individuação, como ele narra em suas *Memórias*. Viveu-o em todas as suas fases e, paralelamente, observou que o curso de desenvolvimento da personalidade de seus analisandos seguia roteiro semelhante, progredindo sempre em direção a um centro, a um núcleo energético que existia no íntimo mais profundo da psique.

É um processo lento. Não adianta pretender acelerá-lo artificialmente. Talvez apenas ajudá-lo na remoção de obstáculos e criação de condições favorecedoras. Jung relata que, várias vezes, encontrou antigos analisandos que não via desde muitos anos e, entretanto, continuavam a ampliar seu desenvolvimento.

---

21. JUNG, C.G. *The Collected Works*, 16, p. 53.
22. Ibid., 7, p. 108.

Jung trabalhava como um empirista de olhar excepcionalmente penetrante. Foi assim que apreendeu, por meio dos sonhos de seus clientes, não só o processo de individuação que cada um buscava realizar por caminhos não lineares, mas um surpreendente paralelo entre esse processo e o opus alquímico.

Opus alquímico e processo de individuação eram, pois, "fenômenos gêmeos". Os trâmites de ambos ajustavam-se passo a passo. Na busca da pedra filosofal, meta do trabalho alquímico, a primeira etapa é o nigredo, quando a matéria se acha ainda no estado de massa confusa, de caos. O nigredo corresponde ao encontro com a sombra, em sentido psicológico, sombra onde se entrechocam, confusamente, conteúdos os mais diversos.

"Tudo o que é criticado com indignação nos outros é revelado nos sonhos como parte do próprio indivíduo. Inveja, ciúmes, mentiras, impulsos sexuais, desejo de poder, ambição, cobiça por dinheiro, irritabilidade, infantilidades de toda sorte manifestam-se nos próprios sonhos"[23].

No trabalho alquímico, para que possa ser ultrapassado o nigredo (sombra), tornam-se necessários procedimentos de lavagem, separação etc., a parte mais árdua do trabalho, segundo afirmam os alquimistas. Algo semelhante ocorre na primeira fase do trabalho analítico.

Na literatura alquímica, diz M.-L. von Franz, o grande esforço e as preocupações constantes estão na passagem do nigredo para o albedo[24]. Essa segunda etapa corresponde, em termos psicológicos, ao encontro com o componente sexual oposto interno. A *anima*, no homem; o *animus*, na mulher. O embranquecimento (albedo) sugere purificação, ou seja, a retirada das projeções da sombra, embora elementos do nigredo (sombra) possam sempre insinuar-se novamente. Um aquecimento intenso muda o albedo em rubedo. O sol surge. O vermelho e o branco são o Rei e a Rainha, que celebram suas núpcias nessa terceira etapa de união dos opostos – casamento alquímico. Assim é obtida a *pedra*, cuja unidade resulta da fusão dos opostos extremos. Por esse longo e árduo processo, o alquimista realizaria a totalização psíquica, ou seja, a individuação, em termos de psicologia moderna.

Como poderia ser explicado esse paralelismo entre o opus alquímico e o processo de individuação?

A hipótese de Jung é que o alquimista projetava sobre os materiais manipulados em seus vasos e retortas acontecimentos que ocorriam no seu inconsciente. Essas projeções se afiguravam ao alquimista propriedades da matéria, mas de fato, em seu laboratório, o que ele experienciava era seu próprio inconsciente.

Os alquimistas, desconhecendo por completo a constituição da matéria, projetavam sobre as retortas a própria psique. Por isso, a matéria tornou-se, na expressão de Jung, espelho da psique do investigador.

O trabalho alquímico é frequentemente mal-interpretado. Admitia-se que suas manipulações visavam ambiciosamente transmutar os metais vis em ouro. Entretanto, os grandes alquimistas repetiam incessantemente que não buscavam o ouro vulgar, mas o mistério interno da arte de produzir ouro, o que significava alcançar mais alto nível de desenvolvimento, estágio que Paracelso chamava o *homo maior,* e Jung, processo de individuação. Por isso a terapia junguiana é também conhecida como caminho de transformação, e não apenas satisfatória adaptação à sociedade em que vivemos.

---

23. VON FRANZ, M.-L. & C.G. *Jung* – His Myth in Our Time. Nova York: Putnam's Sons, 1975, p. 222.
24. VON FRANZ, M.-L. *Alchemy.* Toronto: Inner City Books, 1980, p. 220.

No processo alquímico, uma das mais importantes ideias refere-se ao vaso hermético, representado pelas retortas que contêm as substâncias a serem transformadas. Não se trata de um simples utensílio, mas tem peculiar conexão com a matéria-prima tanto quanto com a pedra filosofal, ou, em linguagem psicológica, o *self*. Para os alquimistas o vaso é algo verdadeiramente maravilhoso. A famosa alquimista Maria Profetisa diz que todo o segredo está no conhecimento do vaso hermético. Para os alquimistas, o vaso deve ser completamente redondo, imitação do cosmos esférico. O vaso é uma espécie de matriz ou útero do qual deverá nascer, ao término do trabalho alquímico, o homem completo. Sendo assim, é necessário que o vaso seja, não só redondo, mas tenha a forma oval[25]. Inicialmente, pode-se pensar que o vaso seja apenas uma espécie de retorta destinada a servir de receptáculo à produção de reações químicas, mas logo se percebe que essa concepção é inadequada, desde que o vaso é antes um verdadeiro símbolo, aliás como todas as principais ideias da alquimia, segundo frisa Jung.

No trabalho alquímico o indivíduo projetava sobre a escuridão da matéria seus próprios conteúdos psíquicos. E é motivo para reflexão que ainda hoje indivíduos totalmente ignorantes do opus alquímico projetem, quando têm oportunidade de configurar imagens, seus conteúdos psíquicos inconscientes em símbolos muito próximos daqueles utilizados pelos alquimistas.

É o que acontece em numerosos desenhos e pinturas do acervo do Museu de Imagens do Inconsciente: conflito e união de opostos, hermafrodita sob o aspecto de pássaro e de homem, a figura de Mercúrio etc.

Em seguida vasos, símbolos alquímicos configurados no atelier de nosso museu.

Desenho de Carlos (fig. 7). O alquimista sustém o vaso de ouro, de forma oval, hermeticamente fechado, características do vaso alquímico. "O vaso encerra, sob formas diferentes, o elixir da vida: ele é um reservatório de vida. Um vaso de ouro pode significar o tesouro da vida espiritual, o símbolo de uma força secreta"[26].

O alquimista segura um vaso de ouro que emite luz a partir de uma forma circular que o fecha

Figura 7
*Carlos Pertuis, 1976,
lápis-cera sobre papel,
55,4 x 36,5 cm, [T9092]*

---

25. JUNG, C.G., *The Collected Works*, 12, p. 225.
26. CHEVALIER, J. Op. cit., p. 789.

hermeticamente (fig. 8). "A transmutação dos metais vis em ouro é a transmutação de elementos psicofísicos dentro do homem, de um estado impuro para um estado requintado correspondente a uma alta frequência energética"[27].

Vaso que encerra em seu centro imagem circular emitindo raios (sol, *self*). De cada lado, vegetais em crescimento (fig. 9). "O vaso alquímico, o vaso hermético, significa sempre o lugar no qual maravilhas se operam; é o seio materno, o útero onde o novo nascimento toma forma"[28].

Diz o alquimista Philalethes. "Nosso verdadeiro vaso oculto, o jardim filosófico, onde nosso sol nasce e se põe".

Essa imagem (fig. 10) é uma tentativa de tornar visível a base misteriosa do opus. Em torno do vaso vê-se uma quaternidade, representada por estrelas, significativas dos

Figura 8
*Carlos Pertuis, 1975,
lápis-cera sobre cartolina,
49,5 x 37,6 cm, [T9091]*

quatro elementos. No centro do vaso há uma quinta estrela, que simboliza a quintessência. O círculo, no centro da quinta estrela, representa o *um*. "A unidade é representada pelo círculo, e os quatro elementos, por um quadrado. A produção da unidade a partir do quatro é o resultado de um processo de destilação e sublimação que assume a assim chamada 'forma circular' dos alquimistas"[29].

Figura 9
*Carlos Pertuis, sem data,
grafite e lápis de cor sobre papel,
40,4 x 35,4 cm, [T9720]*

---

27. METZNER, R. *Maps of Consciousness*. Nova York: The Macmillan Company, 1971, p. 84.
28. CHEVALIER, J. Op. cit., p. 789.
29. JUNG, C.G. *The Collected Works*, 12, p. 119.

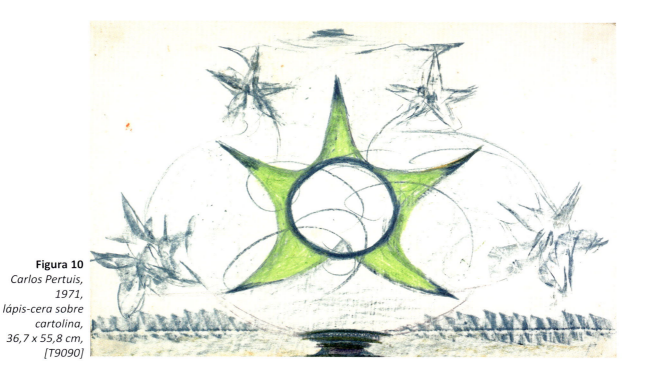

Figura 10
Carlos Pertuis, 1971, lápis-cera sobre cartolina, 36,7 x 55,8 cm, [T9090]

Grande vaso encerrado num círculo, cujo contorno é constituído por pequenas estrelas. O vaso está hermeticamente fechado e selado por cinco estrelas (fig. 11). Por sua vez, esse círculo possui, em seu exterior, uma quaternidade de sóis negros.

O vaso alquímico, repetimos, é um símbolo psicológico. É uma das imagens mais importantes configuradas no inconsciente. Sua função principal seria reunir elementos dispersos, evitar que coisas escapem e proteger contra forças hostis externas.

Figura 11
Carlos Pertuis, 1976, lápis-cera sobre cartolina, 36,8 x 54,9 cm, [T9089]

"O círculo e o vaso hermético são uma e mesma coisa, ou seja, uma mandala, tantas vezes encontrada nos desenhos de nossos pacientes, que corresponde ao vaso de transformação"[30].

As imagens aqui apresentadas e muitas outras pertencentes ao acervo do Museu de Imagens do Inconsciente confirmam que os símbolos alquímicos permanecem vivos no inconsciente do homem contemporâneo, continuando aí atuantes.

De outro autor, imagens não menos demonstrativas.

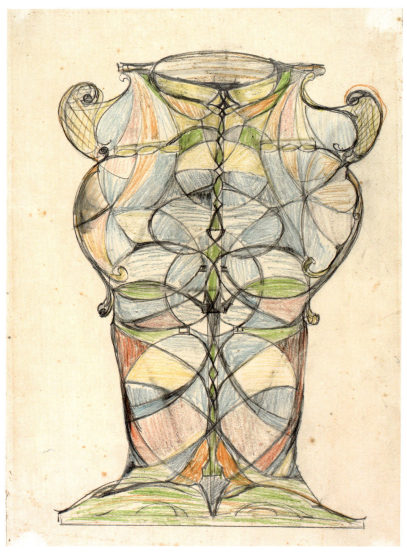

Figura 12
*Octávio Ignácio, 1975,
grafite e lápis-cera sobre cartolina,
55,5 x 36,5 cm, [T9088]*

Desenho de Octávio (fig. 12). Vaso em forma de corpo humano, estruturado simetricamente sob configurações geométricas que sugerem dinamismo interno. "O vaso hermético, assim chamado pelos alquimistas, é a raiz e o princípio de nossa arte na qual todas as operações da alquimia são realizadas; é o corpo humano, ou antes, a total organização dos corpos e campos considerados sob o aspecto de trabalho interno regenerativo"[31]. Os místicos cristãos primitivos viam no corpo do Cristo "vaso do espírito".

Vaso pleno de conteúdos em transformação (fig. 13). Dentre esses conteúdos, na parte inferior do vaso destaca-se um peixe, simbolizando "aquilo que emerge da profundeza" – o *self*. Do bocal do vaso surgem formas vegetais. Nessa pintura predominam as cores azul e ouro, indicadoras de espiritualidade.

Esse desenho é desdobramento do anterior (fig. 14). Vaso pleno. Os elementos nele conti-

---

30. Ibid., 14, p. 15.
31. METZNER, R. Op. cit., p. 87.

Figura 13
*Octávio Ignácio, 1974,
lápis-cera e grafite sobre cartolina,
55,1 x 36,9 cm, [T9087]*

Figura 14
*Octávio Ignácio, 1975,
lápis cera e grafite sobre cartolina,
37,1 x 55,5 cm, [T6169]*

dos acham-se mais bem ordenados e dispostos em oposição. Do bocal do vaso emergem formas vegetais em organização quaternária. "O vaso pleno é um símbolo que estará sempre relacionado com a planta da vida, ou com um emblema qualquer de fertilidade (fig. 15). Assim a 'árvore sagrada' [...] é substituída pela 'planta da vida', saindo de um vaso"[32].

Desenho de Carlos no qual o vaso tem forma oval (fig. 16). Em sua parte superior vê-se emergir um ovo de ouro irradiando energia. "O ovo, como o vaso hermético, encerra os elementos vitais, tal como o vaso hermeticamente fechado contém os elementos da transformação alquímica que se processa pelo aquecimento. O ovo simboliza a sede, o lugar e o sujeito de todas as transformações"[33].

O vaso tem estreitas analogias com o ovo, por isso sua forma não deve ser apenas redonda, porém ovoide. Ambos são lugares de renovação.

Figura 15
*Octávio Ignácio, 1976,
lápis-cera e grafite sobre cartolina,
55 x 36,8 cm, [T6170]*

Figura 16
*Carlos Pertuis, 1976,
lápis-cera sobre cartolina,
47,9 x 33 cm, [T9086]*

---

32. ELIADE, M. *Traité D'Histoire des Religions*. Paris: Payot, 1968, p. 243.
33. CHEVALIER, J. Op. cit., p. 554.

Noutro desenho de Carlos, grande pássaro cor de ouro (fig. 17). Ao lado, um ovo dourado irradiando energia, no interior do qual se encontra pequeno pássaro. Tratados de alquimia afirmam que no ovo se acham contidos os quatro elementos (terra, água, ar e fogo) e no centro da gema está "o ponto solar", que é o pequeno pinto. Esse pinto, segundo o alquimista Mylus, representa o pássaro de Hermes, símbolo do *self*.

Octávio desenha um pássaro no interior de um ovo de ouro (fig. 18). Esta imagem não é de difícil compreensão psicológica, pois nela podemos reconhecer o motivo de uma totalidade pré-consciente. A semente da árvore ou da flor, ou o ovo, que contém tantos mistérios, são, sem dúvida, apropriadas imagens arquetípicas para exprimir a latente totalidade que contém todas as coisas, cujos detalhes

Figura 17
Carlos Pertuis, 1975, lápis-cera sobre papel, 38,2 x 55,3 cm, [T9085]

Figura 18
Octávio Ignácio, 1970, lápis-cera e grafite sobre papel, 32,4 x 48 cm, [T9101]

Figura 19
Octávio Ignácio, 1969, lápis-cera e grafite sobre cartão, 37 x 54,2 cm, [T9084]

ainda não se tornaram manifestos. O ovo será também imagem do *self*, sob forma ainda não realizada. "É, por assim dizer, apenas um germe, isto é, uma potencialidade, uma possibilidade de realização, mas não a coisa propriamente dita"[34].

Do ovo emerge um grande pássaro dourado de asas abertas, cabeça coroada (fig. 19). O pássaro, representando as forças em estado potencial, permanece dentro do ovo. Mas, pelo "aquecimento", em linguagem alquímica, pela ativação do processo natural de desenvolvimento, em linguagem psicológica, rompe-se a casca do ovo para a saída do pássaro. "Nos mitos de criação, o ovo, símbolo do *self*, é identificado com o universo em sua totalidade e, outras vezes, mais especialmente, com o sol nascente."[35]

Completando essa extraordinária série de imagens desenhadas por Octávio, surge o pássaro dourado em pleno voo (fig. 20). Na mitologia egípcia esse pássaro ocupa um lugar proeminente, resultando do grande ovo produzido pelo encontro dos deuses Set e Nut[36]. É o pássaro solar Benu, de penas douradas. Benu representa não só o novo sol que nasce cada dia, mas igualmente a ressurreição do homem. O Benu egípcio corresponde à Fênix grega. Ambos simbolizam o renascimento do homem por meio de um processo transformativo.

Essas séries de desenhos, feitas por esquizofrênicos, que retratam processos internos neles desenvolvidos, não implicam necessariamente transformações da natureza essencial de seus autores. Acontecerá muitas vezes que os impulsos para a individuação (transformação) se manifestem nesses

---

34. VON FRANZ, M.-L. *Creation Myths.* Zurique: Spring, 1972, p. 147.
35. Ibid., p. 144.
36. BUDGE, W. *The Gods of the Egyptians II.* Nova York: Dover, 1969, p. 371.

Figura 20
Octávio Ignácio, 1972, lápis-cera sobre cartão, 36,8 x 52,6 cm, [T9083]

indivíduos sem chegar, porém, a seu termo. São antecipações, processos pré-conscientes. Será difícil, na esquizofrenia, o ego conseguir manter a posição de controle, porque, frequentemente, é avassalado por outros complexos em colisão. "Enquanto na pessoa sadia o ego é o sujeito de sua experiência, no esquizofrênico o ego é apenas um dos sujeitos da experiência"[37]. Entretanto, se houver condições favoráveis e um guia experimentado nessas viagens em profundeza, haverá a possibilidade de o indivíduo sair do episódio esquizofrênico. Para que isso ocorra "naturalmente é importante compreender esses processos, porque assim é possível dar suporte ao ego quando ele emerge novamente, recriando a função da realidade"[38].

Da metamorfose à transformação

Apuleio, em seu clássico livro *As metamorfoses*, narra as vicissitudes do jovem Lúcio, com quem se identifica profundamente[39].

Lúcio percorre uma extraordinária trajetória. Parte ele do baixo nível da metamorfose em asno, significativa do domínio de instintos inferiores, para atingir, por meio de muitas sofridas aventuras, a alta transformação que se opera na tomada de consciência do *self* sob a forma da imagem solar de Osíris.

Não será difícil estabelecer paralelos entre a caminhada de Lúcio, o opus alquímico e o processo de individuação.

---

37. JUNG, C.G. *The Collected Works*, 3, p. 227.
38. VON FRANZ, M.-L. *Creation Myths*, p. 109.
39. APULEIO. *Les Métamorphoses*. Paris: E. Les Belles Lettres, 1956.

Inicialmente teremos a fase do nigredo, onde elementos sombrios acham-se misturados; instintos desordenados; fragmentos diversos da sombra. É aí que ocorre a metamorfose em asno, onde todos esses fatores escuros apossam-se de Lúcio. Entretanto, com seus ásperos cascos e muitos sofrimentos, ele vai subindo até encontrar a branca de lua, o albedo, isto é, a deusa Ísis. E mais tarde lhe acontecerá o prodigioso encontro com o arquétipo do *self*, personificado na imagem de Osíris. Realiza-se o sagrado casamento do sol com a lua. Lúcio passa a se dedicar às religiões de Ísis e de Osíris.

Lúcio é um jovem intelectual romano que viveu no século II d.C. Nos meios intelectuais, era brilhante advogado, mas os níveis subjacentes de sua psique estavam nutridos pelas raízes africanas provenientes do lado materno. Assim, sentia vivo interesse pelas práticas de magia africana que permeavam na época a civilização romana.

No intento de investigar fenômenos de ocultismo e práticas mágicas, Lúcio resolveu viajar para a África.

Logo no início da viagem começaram a ocorrer impressionantes aventuras que não detalharemos aqui. Vamos diretamente à sua metamorfose em asno.

Chegando à Tessália, Lúcio hospedou-se na residência de uma feiticeira chamada Pamphila. Ela tinha como serviçal e ajudante em suas magias a jovem e sedutora Fotis, que logo atraiu a atenção de Lúcio. Não tardou em estabelecer-se intenso relacionamento sexual entre ambos. Fotis revela a Lúcio segredos, encantamentos de que Pamphila é capaz.

Conta-lhe que a feiticeira prepara um unguento com o qual unta todo o seu corpo. Essa substância mágica lhe permite tomar a forma de pássaro e assim voar até a casa do amante. Lúcio exalta-se ouvindo essa narração e deseja também, magicamente, metamorfosear-se em pássaro. Fotis, pressionada por Lúcio, dá-lhe o unguento prodigioso. Mas comete terrível engano. Troca o unguento que tem o poder de operar a metamorfose em pássaro por um outro. Erro terrível. Na ânsia de voar. Lúcio unta o corpo inteiro com o unguento que Fotis lhe dera e, em vez de tornar-se um pássaro, metamorfoseia-se em asno. O desespero de Lúcio é imenso. Fotis procura consolá-lo, assegurando-lhe que a magia será facilmente desfeita se ele comer algumas rosas. Ela providenciará, na manhã seguinte, o desencantamento.

Aconteceu, porém, outra desgraça. Nessa mesma noite a casa de Pamphila é assaltada por ladrões que se apoderam de todos os valores ali existentes, inclusive dos animais que estavam no estábulo, e de Lúcio, então sob a forma de asno.

Os ladrões prosseguem seus assaltos. Invadem uma festa de casamento e sequestram a noiva, a linda Charite.

Ao final, recolhendo os roubos, rumam então para a caverna onde habitavam em companhia de uma velha, quase sempre embriagada, que cuidava deles e era chamada de mãe.

Charite, separada do noivo, prisioneira dos ladrões, chorava desesperadamente. Tentando distraí-la, a velha bêbada conta-lhe a história de Amor e Psique. Eis a história:

Vênus não admite que uma jovem mortal, chamada Psique, esteja ganhando o prestígio de possuir beleza capaz de rivalizar com a sua beleza divina. Ordena então a seu querido filho Eros que faça

Psique ficar perdida de amor pelo mais vil dos homens. Mas aconteceu que Eros, ao ver Psique, apaixona-se por ela. Vivem um grande amor num palácio encantado. Entretanto, Psique nunca vê seu misterioso amante, que parte na escuridão a cada madrugada. As duas irmãs de Psique conseguem visitá-la e, ao verem o palácio maravilhoso onde ela habita, roídas de inveja, convencem-na de que seu amante será provavelmente um monstro, talvez um dragão perigosíssimo. E a induzem a acender à noite uma lâmpada a fim de vê-lo e logo decapitá-lo. Psique deixa-se envolver pela lábia de suas maldosas irmãs. Acende uma lâmpada e, debruçando-se sobre Eros, fica deslumbrada com sua beleza. Na emoção de que é tomada, deixa cair uma gota de óleo sobre o peito de Eros. O óleo fervente produz dolorosa queimadura na tenra carne do deus. Então Eros diz que jamais quer ver Psique e voa diretamente para o palácio de sua mãe, onde será cuidado das dores causadas pela queimadura.

O palácio onde Psique habitara se desvanece, e ela, em total escuridão, desespera-se. Começa, então, sua sofrida busca de Eros. Vai ao encontro de Vênus, humilha-se. A mãe de Eros lhe impõe tarefas que parecem irrealizáveis. Psique encontra ajuda inesperada e dá conta das exigências da grande deusa. Eros, que ama Psique, obtém para ela graça junto a Júpiter. Casam-se por fim, e Psique é elevada à linhagem dos imortais.

O asno (Lúcio) ouve a história muito comovido, apiedado pelos sofrimentos e persistentes esforços de Psique para reconquistar Eros – emoção nova para ele, que, até então, mesmo em sua forma de homem, só pensara em si próprio. Começa internamente sua evolução.

Mal a velha termina a história de Psique, retornam os bandidos. O asno volta a levar chicotadas e a carregar pesadíssimas cargas. Passa seguidamente a pertencer a vários proprietários, sempre cruéis.

Por fim, consegue fugir e, trotando rapidamente, chega a uma praia solitária. Exausto de tantas fadigas, estende-se à beira-mar e adormece. Súbito desperta e, abalado por medo estranho, vê o disco da lua cheia emergindo das ondas do mar. Na lua cheia Lúcio acredita ver a imagem da augusta deusa, senhora de todos os seres.

Ergue-se rápido e banha-se no mar, mergulhando sete vezes a cabeça nas ondas mansas como se estivesse cumprindo um ritual. Então eleva à deusa uma oração fervorosa, rogando-lhe a graça de recuperar a forma humana.

De novo o sono o invade, e então, apenas fechara os olhos, vê erguer-se do mar a visão maravilhosa de Ísis. A túnica da deusa é alvíssima, mas, a cada instante, pode tomar variadas cores, significando que seu poder estende-se sobre todas as modalidades de coisas. Um manto negro resplandescente a envolve.

Ísis dirige-se a Lúcio, que continuava adormecido sob a forma de asno: "Deverás participar das festas que amanhã serão celebradas em minha honra, anunciando o fim do inverno. Advertido por mim, o sacerdote que conduz o grande cortejo terá na mão direita uma coroa de rosas. Não hesites. Atravessa a multidão e junta-te ao cortejo. Quando estiveres bem perto do sacerdote, como se fosses beijar docemente sua mão, colherás as rosas e as comerás. Imediatamente tu serás despojado das características deste animal odioso (o asno é animal de Set, o inimigo ferrenho de Ísis). Não terás nada a temer. Lembra-te, porém, que por toda a tua vida estarás a meu serviço".

Raiou o dia. A natureza parecia em festa. A procissão em honra da grande deusa começou lentamente a pôr-se em movimento. Por fim, avança o grão-sacerdote, tendo na mão direita o sistro, instrumento de Ísis, e uma coroa de rosas. O sacerdote, também advertido em sonho pela deusa, põe a coroa de rosas ao alcance de Lúcio. "Devorei as rosas palpitante de emoção. E, para espanto geral, fui me despojando das características de asno e retomando a forma humana. Então o sacerdote exclamou: Consagra-te desde logo às observâncias de nossa religião e submete-te voluntariamente ao grupo de seu ministério!"

A procissão, depois de realizar as cerimônias de praxe e seu percurso, voltou ao templo.

Lúcio, agora sob forma humana, não desprendia os olhos da imagem da deusa. Alugou um alojamento nas proximidades do templo, participando, a título particular, do serviço da deusa.

Mas seu desejo era realmente iniciar-se nos mistérios isíacos. Insistia junto ao sacerdote no sentido de ser admitido nesses mistérios. O sacerdote, porém, tranquilizava-o dizendo que o momento da iniciação seria determinado pela própria deusa. Enquanto esperava esse momento tão desejado, Lúcio seguia regras de abstinência alimentar e auxiliava no serviço divino.

Enfim, a deusa decidiu o dia do seu nascimento religioso. Todos os rituais exigidos para essa cerimônia foram cumpridos, alguns públicos, outros secretos.

Lúcio regressa à sua cidade natal, ao seu lar. Aí permanece durante poucos dias, pois logo um apelo irresistível o atrai para Roma, onde vai dedicar-se ao culto da deusa Ísis, em seu templo romano, no Campo de Marte.

Passou-se mais um ano quando novo sonho vem instigá-lo a cumprir mais outra etapa nos caminhos sagrados.

Lúcio era iniciado nos mistérios de Ísis, mas lhe faltava ainda, para completar sua evolução religiosa, ingressar no serviço do soberano deus Osíris.

Lúcio submete-se. Realiza todos os preparativos exigidos, inclusive a raspagem da cabeça e a abstinência. Cumpria fielmente as devoções daquela religião solar, irmã da religião da deusa Ísis.

Essas figuras, Ísis e Osíris, deusa e deus, são participantes do "casamento sagrado", união dos opostos, que é o objetivo do processo de individuação, isto é, da união mental, puramente intrapsíquica, do intelecto ou razão com os afetos, extraordinário itinerário de Lúcio, da metamorfose à transformação.

Continuam nos sonhos de Lúcio instigações para maiores progressos. Agora lhe é exigido que, além de cumprir o culto do grande deus em seu templo, prossiga no fórum romano sua carreira de advogado, sem esconder a condição atual de homem religioso, cabeça raspada, comprometido abertamente com os cultos de Ísis e Osíris.

"Lúcio atinge seu mais alto nível: a realização do *self*. No culto de Ísis aconteceu o encontro com a *anima*, mas agora ocorre a tomada de consciência do arquétipo do *self*, de sua própria natureza divina interna"[40].

---

40. VON FRANZ, M.-L. *Golden Ass*, XII. Zurique: Spring, 1970, p. 10.

10
C.G. Jung na vanguarda de nosso tempo

Nise da Silveira
Luiz Carlos Mello

Os avanços geniais de Freud abriram os caminhos da psicologia profunda. Entretanto, o criador dessa nova ciência que marcou revolucionariamente o início do século XX permaneceu apegado às ideias filosóficas dominantes no século XIX.

Uma concepção do mundo, segundo Freud, deverá resultar de atividade do pensamento científico cujos resultados "correspondam à realidade, isto é, àquilo que existe fora e independentemente de nós. A correspondência com o mundo exterior real é o que chamamos verdade"[1].

Mas o mundo exterior, critério de verdade para Freud, será tão estável quanto parece? Haverá um só nível de realidade, ou vários?

Com efeito, a física moderna subverteu a concepção do mundo construída de acordo com a física clássica, concepção que parecia inabalável até fins do século passado.

Agora, as próprias leis da gravitação universal, estabelecidas por Newton, haviam sofrido modificações introduzidas pela teoria da relatividade. O indivisível átomo revelara-se divisível. Verificou-se que a matéria tem comportamento diferente na escala da macrofísica ou na escala da microfísica. Os elétrons conduzem-se às vezes de maneira tão perturbadora que os físicos passaram a falar em *probabilidade* e em *incerteza*. A luz não se apresenta apenas sob a forma de onda. Ela também se apresenta com características de corpúsculos, que foram chamados fótons. Einstein demonstrou que matéria e energia são equivalentes. O tempo deixou de ser uma grandeza absoluta, pois, quando se trata de medir grandes velocidades, o tempo cresce com a velocidade. O tempo é relativo. Sem dúvida, esses conceitos abalam nossa segurança. Freud sentiu sua visão de mundo ameaçada e protestou veementemente. Uma concepção de mundo que não partisse de um conhecimento seguro do mundo exterior seria para ele uma espécie de "anarquismo intelectual", em suas próprias palavras, "uma contrapartida do anarquismo político, talvez uma irradiação deste. Decerto, já houve no passado niilistas intelectuais, mas atualmente parece que a teoria da relatividade da física moderna subiu-lhes à cabeça. Partem da ciência, mas acabam arrastando-a para sua própria anulação, para o suicídio, levando-a a suprimir-se a si mesma pela renúncia a suas aspirações"[2].

---

1. FREUD, S. *New Introductory Lectures in Psycoanalysis*, XXII. Londres: The Hogarth Press, 1964, p. 170.
2. Ibid., p. 175.

Sensível como um sismógrafo, Freud pressentiu que muitas coisas, antes firmes, se tornariam movediças. De fato, deslocamentos imprevistos iriam acontecer. Opostos até então irreconciliáveis deixariam de ser opostos. Argumentos lançados contra certos alvos não mais os atingiriam, porque esses próprios alvos mudariam de posição ou simplesmente porque teriam deixado de existir.

Freud não se conforma. "Às vezes, temos a impressão de que semelhante niilismo não é mais do que uma atitude provisória. Uma vez suprimida a ciência, no espaço deixado livre poderá florescer um misticismo qualquer ou talvez a antiga concepção religiosa do universo"[3].

Mas a história do pensamento humano mostra que as coisas não se repetem com tanta exatidão. Aconteceu algo muito diferente. Aconteceu que estão se apagando as fronteiras entre aquilo que o século XIX chamava real e irreal, natural e sobrenatural. O biólogo Lyall Watson escreve: "A velha distinção entre natural e sobrenatural perdeu todo o sentido"[4].

Pesquisadores de diversas áreas do conhecimento, em trabalhos experimentais, desde a botânica até a telepatia, desfazem antigas separações. O conceito de realidade alarga-se cada dia mais e nos dá a perceber que a natureza, em sua intimidade, é mais complexa e mais interligada em todas as suas partes, e mais bela do que supúnhamos.

A posição de Jung em relação ao conceito de realidade foi completamente diferente da de Freud. Num breve escrito que tem o significativo título de *O real e o surreal*, ele define seu ponto de vista contrário à opinião dominante de que sejam unicamente aceitos como reais os dados fornecidos pelos sentidos, de modo direto ou indireto.

Vale a pena lembrar o que ele diz: "Não sei de nada que diga respeito a uma superrealidade. A realidade contém tudo quanto posso conhecer, pois qualquer coisa que atue sobre mim é real e presente. Se uma coisa não age sobre mim, não noto nada e, portanto, nada sei sobre ela. Só poderei fazer afirmações sobre coisas reais, e nunca sobre coisas irreais, super-reais ou sub-reais. A menos que ocorra a alguém limitar o conceito de realidade de tal maneira que o atributo 'real' seja aplicado somente a um segmento particular da realidade do mundo [...] à chamada realidade material ou concreta de objetos percebidos pelos sentidos"[5].

É claro que esse conceito de realidade provocou muitas críticas. A menor crítica que se colocava, sem detido exame dos fatos, era que Jung não podia ser considerado um cientista. Ele continuou trabalhando tranquilamente, enquanto as brechas que iam sendo abertas no corpo da ciência tradicional pela própria investigação científica a obrigavam à revisão de muitas de suas anteriores posições.

Agora se torna evidente que a psicologia junguiana vem assumindo um lugar de vanguarda na ciência contemporânea. É o que afirma F. Capra: "Por causa de suas ideias aparentemente esotéricas, sua ênfase na espiritualidade e seu interesse pelo misticismo, Jung não foi levado muito a sério nos círculos psicanalíticos. Com o reconhecimento de uma crescente compatibilidade e coerência entre a psicologia junguiana e a ciência moderna, essa atitude está condenada a mudar, podendo as ideias de Jung acerca do inconsciente humano, da dinâmica dos fenômenos psicológicos, da natureza da

---

3. Ibib., p. 175.
4. WATSON, L. *Histoire Naturelle du Surnaturel*. Paris: Albin Michel, 1973, p. 11.
5. JUNG, C.G. *The Collected Works*, 8, p. 382.

doença mental e do processo de psicoterapia exercer forte influência sobre a psicologia e a psicoterapia no futuro"[6].

Um dos aspectos ainda pouco estudados, porém fascinantes, que se nos afigura ponta de lança em direção ao futuro é o da *identidade da matéria e da psique*.

No conceito de Jung o inconsciente é uma parte da natureza, é algo objetivo, real, genuíno. Os produtos de sua atividade merecem o maior crédito, pois são "manifestações espontâneas de uma esfera psíquica não controlada pelo consciente, livre em suas formas de expressão"[7].

O inconsciente foi o grande livro que Jung incessantemente se dedicou a decifrar, o inesgotável reservatório de onde retirou a matéria-prima para a elaboração de sua psicologia.

Observando, reunindo exemplos, Jung notou, surpreso, que ideias abstratas e da mais alta espiritualidade eram frequentemente representadas por elementos pertencentes ao reino mineral. Diversas religiões utilizam a pedra para simbolizar Deus e indicar lugares sagrados. O santuário principal do Islã encerra a caaba, pedra negra denominada "A mão direita de Deus". Foi dormindo com a cabeça sobre uma pedra que Jacó recebeu mensagem de Javé, transmitida pelo anjo. E o patriarca hebreu erigiu essa pedra em monumento sagrado. Cristo compara-se a si próprio à pedra rejeitada que se tornou depois a pedra angular (Mt 21,42). A pedra alquímica (*lapis*) é um símbolo do Cristo e da experiência mística procurada por meio da Grande Arte.

A noção intuitiva de totalidade psíquica (*self*) tem na pedra e no cristal representações das mais constantes. Tudo isso necessariamente teria significação.

Os símbolos elaborados no inconsciente devem ser tomados a sério. Seria preciso investigar por que tão comumente minerais serviam de formas de expressão para noções ditas de ordem espiritual.

Jung responde com a hipótese de que, "do ângulo do inconsciente, psique e matéria não são apenas equivalentes, mas realmente idênticas. Isso em contraste flagrante com a unilateralidade intelectual do consciente, que às vezes se compraz em espiritualizar a matéria e outras vezes em materializar o espírito"[8].

Outros fenômenos davam igualmente testemunho de que psique e matéria são dois aspectos diferentes de uma mesma coisa, conforme admite Jung.

Refiro-me a certas ocorrências insólitas, denotadoras de que a matéria pode comportar-se à semelhança da psique e reciprocamente, sem que exista entre uma e outra qualquer conexão de causalidade.

Aqui se levantam protestos. Precisamente a grande aquisição da psicologia científica foi demonstrar que os atos falhos, os conteúdos do sonho, os sintomas neuróticos, estavam submetidos ao determinismo e assim, de elo em elo, era sempre possível chegar até sua origem. Freud escreve: "Quebrando o determinismo, mesmo num só ponto, faz-se desabar toda a concepção científica do mundo"[9].

---

6. CAPRA, F. Op. cit., p. 355.
7. JUNG, C.G. Op. cit., 9, p. 313.
8. Ibid.
9. FREUD, S. Op. cit., XV, p. 28.

Para que se falasse em ciência, era necessário que as mesmas coisas produzissem sempre os mesmos efeitos. "Pois não é isso o que acontece", diz Richard Feynman, prêmio Nobel de física. E, referindo-se a fenômenos da mecânica quântica, continua: "Observamos o que encontramos e não podemos saber com antecedência o que acontecerá. Muitas vezes não são as possibilidades mais razoáveis aquelas que correspondem à situação"[10].

Decerto, os novos conceitos são difíceis de digerir. Mas não fizeram a ciência desmoronar. O que desabou, pelo menos parcialmente, foi uma certa estrutura construída num certo momento histórico. O importante para manter vivo o espírito científico será observar, será pesquisar incansavelmente, e examinar o resultado de observações e pesquisas com inteligência livre de enquadramentos limitadores.

Tanto quanto Freud, Jung farejou a pista da causalidade nos campos da psicologia e da psicopatologia. Seus estudos sobre as associações verbais e os livros *Psicologia da demência precoce* (1907) e *Conteúdo das psicoses* (1908) dão testemunho dessas investigações.

Mas observou também a ocorrência de curiosos fenômenos que não se deixavam encadear causalmente. Separou-os em dois grupos:

a) coincidência de estados psíquicos e de acontecimentos físicos sem relações causais entre si, como sonhos, visões, premonições, que correspondem a fatos ocorridos na realidade exterior;

b) ocorrência de pensamentos, sonhos e estados psíquicos semelhantes, ao mesmo tempo, em lugares diferentes.

Fatos desse tipo, tão repetidamente verificados, deveriam ser tomados em consideração pelo pesquisador sem preconceitos. Escreve Jung: "Minha preocupação com a psicologia dos processos do inconsciente há muito tempo obrigou-me a procurar, ao lado da causalidade, um outro *princípio de explicação*, porque o princípio de causalidade pareceu-me inadequado para explicar certos fenômenos surpreendentes da psicologia do inconsciente. Verifiquei que há paralelismos psíquicos que não podem ser relacionados uns aos outros causalmente, mas devem estar em conexão por um modo diferente de desdobramento dos acontecimentos"[11].

Não se trata, portanto, de abolir o determinismo, mas de descobrir um novo princípio de conexão acausal.

Jung criou o termo *sincronicidade* para designar "a coincidência, no tempo, de dois ou mais acontecimentos não relacionados causalmente, mas tendo significação idêntica ou similar, em contraste com o *sincronismo,* que simplesmente indica a ocorrência simultânea de dois acontecimentos"[12]. Portanto, a sincronicidade caracteriza-se pela ocorrência de *coincidências significativas.* Jung cita vários exemplos de fatos desse gênero, e cada um de nós poderá lembrar outros tantos.

Contaremos um caso ilustrativo.

Na casa-grande de uma usina do nordeste está sendo preparado um almoço para muitos convidados. A dona da casa retoca a mesa e põe diante de cada prato um pequeno jarro com uma rosa re-

---

10. FEYNMAN, R. *La Nature des Lois Psysiques.* Paris: R. Laffont, 1970, p. 179.
11. JUNG, C.G. Op. cit., 15, p. 56.
12. Ibid., 8, p. 441.

cém-colhida no jardim que rodeia a residência. Depois de completar a volta na mesa, nota, surpresa, que a rosa colocada diante do prato do marido estava murcha. Substituiu-a, escolhendo outra apenas entreaberta. Daí a momentos vê que a segunda rosa também murchara. Impressionada, retira todos os jarros com as respectivas rosas, sem fazer qualquer comentário.

O almoço transcorreu alegre. Mas, duas horas depois, o usineiro morria de um enfarte fulminante.

Entre o enfarte do miocárdio e o murchar das rosas decerto não há relação de causa e efeito. Mas entre a morte do homem e a morte das rosas existe uma solidariedade significativa.

Não vejamos nas ocorrências de sincronicidade histórias mal-assombradas ou manifestações de "outro mundo".

Muito pelo contrário. Segundo Jung, constituem indicações em favor da unidade psicofísica de todos os fenômenos. A partir dessas observações empíricas, ele chega à concepção de *unus mundus*, isto é, à hipótese da unidade básica de matéria e psique. Escreve Jung: "A ideia de *unus mundus* baseia-se na suposição de que a multiplicidade do mundo empírico repousa sobre uma unidade subjacente e de que dois ou mais mundos fundamentalmente diversos não existem lado a lado, ou misturados um com o outro. Ao contrário, todas as coisas diferentes e divididas pertencem ao mesmo e único mundo"[13].

Assim, no nosso exemplo haverá uma conexão acausal entre o homem e a rosa, gênero de conexão ainda pouco conhecido, mas que faz prova empírica da existência, em última instância, de uma comunicação entre todos os seres, uns com os outros e com o ambiente.

O homem precisa não esquecer que faz parte de vastíssimo sistema de interações, do qual ele até agora apenas estudou a superfície. Há ainda muitas coisas a descobrir.

Tudo leva a admitir que essas descobertas serão realizadas por meio de um trabalho de pesquisa nos campos da microfísica e da psicologia profunda, que é também, segundo Jung, "um mundo do infinitamente pequeno"[14].

Diz Jung: "A microfísica pesquisa o lado desconhecido da matéria, do mesmo modo que a psicologia profunda investiga o lado desconhecido da psique. Essas duas linhas de investigações deram oportunidade a achados que somente podem ser concebidos por meio de antinomias, e ambas desenvolvem conceitos que têm analogias notáveis entre si"[15]. E ainda este texto: "Mais cedo ou mais tarde, a física nuclear e a psicologia do inconsciente se aproximarão cada vez mais, porque ambas, independentemente uma da outra e vindo de direções opostas, avançam em território transcendente, uma com o conceito de átomo, a outra com o de arquétipo"[16].

Não se pode pretender chegar à compreensão da história tomando em apreço uma única dimensão entre as muitas que tecem sua complexa contextura. Para fins metodológicos, vamos entretanto destacar a dimensão psicológica, propondo uma hipótese para interpretá-la: o momento que

---

13. Ibid., 14, p. 537-538.
14. Ibid., 9 II, p. 223.
15. Ibid., 14, p. 538.
16. Ibid., 9II, p. 26.

estamos vivendo seria a passagem crítica de uma civilização que se desenvolveu segundo um modelo trinitário (civilização cristã) para uma civilização que está começando a configurar-se segundo um modelo quaternário.

Partindo do ponto de vista de que os símbolos e dogmas religiosos exprimem de maneira condensada movimentos e transformações na vida psíquica coletiva, Jung escreveu um longo trabalho sobre o dogma da trindade cristã, procurando descobrir sua significação psicológica. Decerto, a trindade não é uma "invenção" do cristianismo. Jung traça-lhe paralelos na Babilônia, Egito, Grécia, e diz: "Os agrupamentos em tríades constituem um arquétipo na história das religiões e, muito provavelmente, formaram a base da trindade cristã"[17].

A seguir, estuda o arquétipo trinitário e suas correspondências com a evolução da consciência humana, nos planos individual e coletivo.

O primeiro estágio de evolução corresponde ao Pai. É uma condição passiva, infantil, de aceitação do acontecido, sem reflexão, sem julgamento intelectual ou moral. Estabelece leis absolutas que devem ser obedecidas, sem discussão. Uma vez transgredidas, o castigo é inexorável.

O segundo estágio corresponde ao Filho. Caracteriza-se pela diferenciação do Pai e de seus padrões de comportamento. "Isso exige conhecimento de sua própria individualidade, que não pode ser adquirida sem discriminação moral e não pode ser mantida, a menos que seu significado seja compreendido"[18]. A reflexão se impõe, surgem a dúvida e a crítica. O mundo apresenta-se separado em opostos. Esse estágio corresponde a uma situação conflitiva. Enquanto, segundo a lei do Pai, a mulher adúltera deveria ser lapidada, o Filho diz: "Quem estiver isento de culpa atire-lhe a primeira pedra". Esse exemplo mostra claramente a mudança de comportamento, no momento em que o Filho começa a colocar-se no lugar do Pai. Abrem-se novas perspectivas.

O terceiro estágio é alcançado quando o consciente escuta o inconsciente. Corresponde ao Espírito Santo, descrito nos Atos dos Apóstolos (2,2) como "um ruído vindo do céu semelhante ao vento que sopra com força". O *vento vindo do céu* simboliza intuições, lampejos, ideias emergentes do inconsciente. Esse terceiro elemento, comum ao Pai e ao Filho, completa o arquétipo trinitário.

Essas etapas correspondem a desenvolvimentos de níveis psicológicos. Entretanto, para a consciência crescer e alargar-se, ainda falta algo que venha reunir-se à Trindade. Está faltando o quatro. Que significação tem o quatro? Quem o representa?

O quatro é o princípio feminino, a mulher. Nessa linha de pensamento, Jung interpreta o recente dogma da Assunção de Maria (translação ao céu do corpo da Virgem na ocasião de sua morte) como expressão de um movimento que vem de raízes inconscientes, no sentido de aproximar o feminino da trindade masculina. "A veneração por Maria crescera, e psicologicamente isso significava que se levantava do inconsciente coletivo a necessidade de inclusão da figura feminina de Maria à figura puramente patriarcal da Trindade, da incorporação do arquétipo numinoso, da divindade feminina à divindade masculina"[19].

---

17. Ibid., 11, p. 114.
18. Ibid., p. 181.
19. SANTOS, A.M. "Maria". In: *Quaternio*, revista do Grupo de Estudos C.G. Jung, Rio de Janeiro, 1973.

Recentemente, vêm se desenvolvendo, não só em seitas protestantes, mas mesmo no seio da Igreja Católica, movimentos carismáticos fundamentados em intuições inconscientes. O ego entra em contato com o inconsciente, mas recebe suas inspirações como verdades absolutas, esquecendo que, ao entrar no campo do consciente, estas sofrem as inevitáveis limitações do tempo e dos condicionamentos pessoais.

Torna-se necessário reconhecer que as intuições emergentes do inconsciente tomam formas e tonalidades que refletem o indivíduo que as exprime e as restrições da época em que são lançadas ao mundo exterior. Quando se torna possível a aceitação de que não há verdades absolutas, atinge-se o quarto estágio de consciência. Cada visão do mundo é uma concepção entre muitas outras também formuladas. Não há estruturas absolutamente válidas; todos os modelos da existência são relativos[20].

Teólogos modernos vêm encontrar-se com as concepções de Jung relativas ao feminino em sua aproximação com a trindade masculina. Leonardo Boff, num ensaio interdisciplinar sobre o feminino e suas formas religiosas, escreve: "A relação Espírito Santo-Maria não fora aprofundada, sequer feita frutificar sistematicamente como agora o tentamos. A dimensão pneumática com aquela cristológica vem restabelecer o equilíbrio na reflexão mariana e faz justiça à realização escatológica do feminino em Maria, entronizada, mediante o Espírito Santo, no seio da Trindade"[21].

A representante do princípio feminino no mundo cristão passa a ocupar situação de alta dignidade, muito próxima das Três Pessoas divinas. E, note-se, com o corpo da Mãe de Deus, a matéria penetra no reino do espírito. É propriedade intrínseca do arquétipo mãe sua relação com a terra e a natureza. Assim, pois, se a figura de Maria, moldada no arquétipo mãe, entra no céu com seu corpo, isso indica, diz Jung, união entre matéria e espírito, os opostos que pareciam inaproximáveis[22].

Não será decerto por acaso que o jesuíta Teilhard de Chardin formula um conceito de matéria inteiramente novo para o cristianismo. A matéria inerte, bruta, não existe, diz Chardin; uma consciência elementar anima-a em cada grão de areia. E ele canta um hino à matéria, essa vil substância que o cristianismo havia sempre correlacionado ao mal e ao pecado: "Louvada sejas áspera Matéria [...] perigosa Matéria, poderosa Matéria, universal Matéria [...]"[23].

No plano científico, um processo paralelo desenvolve-se. Escreve S. Grof: "O espaço tridimensional e o tempo unidimensional de Newton foram substituídos pelo espaço-tempo contínuo quadridimensional de Einstein. O universo da física moderna não é aquele gigantesco relógio mecânico de Newton, mas uma rede unificada de eventos e relações". E continua mais adiante: "Outra área que desafia o paradigma cartesiano-newtoniano e que vem recebendo crescente reconhecimento científico é o trabalho de Jung. Jung descobriu o inconsciente coletivo, as funções formadoras de mitos, os potenciais autocurativos da psique, e a existência dos arquétipos – padrões dinâmicos transpessoais na psique que não só transcendem as fronteiras individuais, mas representam uma inter-relação entre consciência e matéria"[24].

---

20. VON FRANZ, M.-L. *Number and Time*. EUA: Northwestern University Press, 1974, p. 126.

21. BOFF, L. *O rosto materno de Deus*. Petrópolis: Vozes, 1979, p. 117.

22. JUNG, C.G. Op. cit., 9, p. 108.

23. CHARDIN, T. *Hymne à la Matière, en Hymne de 1'Univers*. Paris: Seuil, 1961, p. 71.

24. GROF, S. *Ancient Wisdom and Modern Science*. Nova York: State University of New York Press, 1984, p. 10-16.

A psicologia profunda vem reunindo fatos que indicam a latente conexão entre matéria e psique, enquanto a física moderna já demonstrou a equivalência entre matéria e energia.

$$E = \frac{mv^2}{2}$$

A teoria da relatividade afirma-nos que a massa nada mais é que uma forma de energia. A totalidade do universo aparece-nos como uma teia dinâmica de padrões inseparáveis de energia. Em *O tao da física,* Capra procura explorar as relações entre os conceitos da física moderna e as ideias básicas existentes nas tradições filosóficas e religiosas do Extremo Oriente. E resume: "Quanto mais penetramos no mundo submicroscópico, mais compreendemos a forma pela qual o físico moderno, à semelhança do místico oriental, passa a perceber o mundo como um sistema de componentes inseparáveis, em permanente interação e movimento, sendo o homem parte integrante desse sistema"[25].

Vem de longe, dos subterrâneos da psique, a luta do três com o quatro. Jung detectou-a em símbolos religiosos, como acabamos de ver; em sonhos e visões, que são para ele fontes de informação merecedoras da máxima confiabilidade.

Tomemos para exemplo uma impressão visual estudada nos livros *Psicologia e religião* e *Psicologia e alquimia.*

Em série de sonhos anteriores já haviam aparecido o círculo e o quadrado, estáticos ou em movimento de rotação. Por fim, como síntese desse processo inconsciente, apresentou-se uma súbita visão que, nas palavras do sonhador, "deu-lhe uma impressão da mais sublime harmonia".

A visão consta:

a) de círculo vertical azul com margem branca dividido em 32 partes e de um ponteiro que gira sobre esse círculo;

b) de círculo horizontal de 4 cores, com anel de ouro em torno. Os dois círculos têm centro comum. Esse é o relógio do mundo, diz o sonhador. Funciona em três ritmos: o primeiro, pequeno ritmo, é o do ponteiro do disco azul, que avança 1/32; o segundo, ritmo médio, corresponde a uma rotação completa desse ponteiro e, simultaneamente, a um avanço de 1/32 do disco horizontal; o terceiro, grande ritmo, equivale a 32 rotações do ponteiro sobre o disco azul e a uma volta completa do disco horizontal. Para melhor esclarecer a significação desse estranho relógio, Jung procura paralelos históricos. E vai encontrar a analogia mais satisfatória na visão do paraíso do poeta medieval Guillaume Digulleville. O poeta descreve um céu de ouro e um círculo azul que dá volta completa em torno desse céu. O círculo é o calendário eclesiástico que indica o dia de cada santo.

Além de muitas outras maravilhas, todas de estrutura ternária, Guillaume vê no céu de ouro, sentado sobre trono de ouro, o Rei do Céu, o Cristo, e a seu lado, em trono redondo, marrom, a Rainha do Céu. Assim, Maria havia entrado, com seu corpo, no reino dos céus. O Rei, sendo o Cristo,

---

25. CAPRA, F. *O tao da física.* São Paulo: Cultrix, 1986, p. 27.

é ao mesmo tempo a Trindade. E a introdução de uma quarta pessoa, a rainha, transforma a Trindade numa quaternidade.

São nítidas as analogias entre a visão de Guillaume e o relógio do mundo. Em ambos há dois sistemas diferentes – um azul, que diz respeito ao tempo; e um de ouro, que diz respeito ao quatro (quatro cores, Trindade e Rainha).

A visão de Guillaume torna mais compreensível a mandala-relógio do sonhador. Desde a Idade Média o problema da Trindade e a exclusão ou o reconhecimento do elemento feminino, da terra, do corpo da matéria em geral, preocupavam os teólogos.

A visão do relógio do mundo dá uma resposta simbólica a essa questão, resposta mais completa que a visão de Guillaume, graças à combinação mais harmoniosa entre os dois círculos e os ritmos que regem suas rotações. Círculo composto de quatro cores e ritmo tríplice interpenetram-se.

Integrando o três e o quatro, o relógio do mundo dá solução simbólica ao conflito entre matéria e espírito, conflito que tem dilacerado a era cristã.

Talvez a visão onírica do relógio do mundo pareça algo sofisticada. Mas as expressões do inconsciente são mesmo assim, sutis e estranhas. Veremos em imagens espontâneas, pintadas no atelier do museu de Engenho de Dentro, que o problema do três e do quatro não é uma especulação distante. Está presente entre nós. Não importa que seus autores habitem um hospital psiquiátrico. Mergulhados na profundeza do inconsciente, na esfera da psique coletiva, eles participam também, embora inconscientemente, da vida psíquica da humanidade[26].

Círculo dividido em três partes. Uma dessas partes expande-se para a esquerda. O inconsciente está em intensa atividade. A estrutura ternária rompe seus limites, possivelmente buscando nova e firme estruturação, como pode ser visto em pintura de Emygdio (fig. 1).

Figura 1
Emygdio de Barros, 1970, óleo e lápis-cera sobre papel, 33 x 48,5 cm, [T2209]

---

26. JUNG, C.G. Op. cit., 4, p. 340.

Do centro de um círculo situado no alto partem linhas que se dirigem aos vértices de quatro quadrados, três coloridos e um incolor (fig. 2). Nessa imagem, o um desdobra-se em quatro. "O quatro simboliza as partes, qualidades e aspectos do Um"[27].

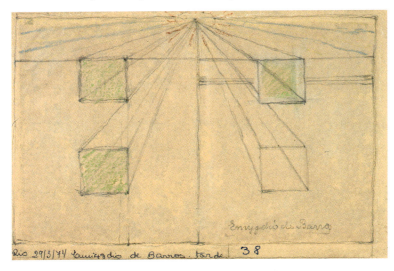

Figura 2
*Emygdio de Barros, 1974,
grafite e lápis-cera sobre papel,
21,9 x 31,9 cm, [T2292]*

Na história dos símbolos a quaternidade é o desdobramento da unidade. Esse fenômeno indica a passagem de conteúdos que se achavam submersos no inconsciente para a área do consciente, permitindo assim que adquiram características diferenciadas e possam ser conhecidos. Aqui um dos quadrados permanece incolor. Esse tipo de estrutura (3+1) é fenômeno frequente nas manifestações do inconsciente. Aparece, entre muitas outras, nas representações dos quatro filhos de Horus, bem como nos emblemas dos quatro evangelistas.

De outro autor, triângulo vermelho e lua (fig. 3).

O triângulo, no simbolismo dos números, equivale ao três. É a imagem geométrica da tríade e emblema da trindade divina. O triângulo de vértice dirigido para o alto simboliza o masculino, o fogo e impulsos ascendentes. Ao lado, a lua, um dos mais arcaicos símbolos do feminino, vem complementar o triângulo masculino.

Outras surpreendentes imagens do mesmo gênero, representando o desenvolvimento do arquétipo trinitário para o arquétipo da quaternidade, característico de nossa época, podem ser vistas no livro *Imagens do inconsciente*[28].

Figura 3
*Octávio Ignácio, 1970,
lápis cera e grafite sobre papel,
33,1 x 48,2 cm, [T7658]*

A condição do esquizofrênico é a de alguém que está mergulhado nas regiões onde fluem as imagens arquetípicas e tomam forma os temas míticos. Esse fluir, entretanto, não é tão desordenado como se poderia crer. A observação da

---

27. Ibid., 11, p. 57.
28. SILVEIRA, N. *Imagens do inconsciente*, p. 232-240.

pintura dos esquizofrênicos indica a presença ativa de um processo reorganizador, do qual resultam imagens que revelam a busca de um centro, as divisões ternárias e quaternárias, as aproximações de opostos, os símbolos unificadores. Os trabalhos de J. Weir Perry testemunham nesse sentido. Ele chega mesmo a falar de um atuante processo renovador em marcha no decurso de episódios psicóticos agudos[29].

Quais as consequências desse processo que se desdobra espontaneamente no íntimo da psique?

Se for possível, com ou sem ajuda do terapeuta, uma tomada de consciência dessas tentativas instintivas de reestruturação, o indivíduo sairá do episódio psicótico mais enriquecido e galgará nível mais alto no desenvolvimento de sua personalidade.

Se não houver diálogo possível, nenhuma ponte firme entre consciente e inconsciente, as imagens que refletem o processo natural reorganizador irão se repetir de maneira autônoma e fluir num ciclo perdido na profundeza da psique.

Assim, vimos que em vários campos e níveis há numerosos indícios do desenvolvimento do arquétipo trinitário para o arquétipo da quaternidade. Num movimento ascendente, os conteúdos da psique profunda que representam o quatro pressionam cada vez mais o consciente. *Essa é uma característica de nossa época.*

De outra parte, se olharmos em torno de nós logo se evidencia que o princípio feminino está irrompendo do inconsciente e expandindo-se com força por todos os lados.

Basta lembrar a vibrante presença da cor nas vestes dos homens; o abandono do severo paletó pelas camisas alegres que as mulheres usam também; a música e as canções como formas preferidas de expressão; o crescente culto à deusa mãe Iemanjá, em pleno Rio de Janeiro; a ideia de transformar a sociedade por meio de mudanças nas relações humanas; o gosto pelas pesquisas para além do racional; a juventude buscando espontaneidade e amor, e suas contraditórias ações violentas. Tudo muito confuso e disperso, mas revelando mudanças e novas colocações de valores ainda maldefinidos.

Sem dúvida, a integração do princípio feminino reprimido durante tantos séculos, condição necessária à passagem do terceiro para o quarto estágio de desenvolvimento da consciência, não poderia operar-se sem dificuldades, confusões, sofrimentos, pois a entrada do quatro, é preciso frisar, não provoca a anulação da tríade, mas a reorganização das qualidades representadas pelo três numa nova estrutura unificadora de natureza quaternária.

Em toda a sua obra C.G. Jung não cessa de indicar o caminho para a integração desses conteúdos ainda ausentes no consciente, condição indispensável para que a personalidade se torne completa.

O processo de individuação, eixo da psicologia junguiana, tem por meta o *self*, ou seja, o núcleo central da psique, cuja estrutura básica é quaternária, constituída dos pares de opostos: luz-sombra, masculino-feminino, ou dito em outras palavras, bem-mal, espiritual-material ou ctônico[30].

Depois de havermos frisado que o simbolismo central do cristianismo é a Trindade, verificou-se empiricamente que os símbolos espontâneos da totalidade psíquica configuram-se no inconsciente sob a forma de quaternidade, que inclui o feminino e o mal. Num processo muito sofrido, o elemen-

---

29. PERRY, J.W. *The Far Side of Madness.* Nova York: Prentice-Hall, 1974.
30. JUNG, C.G. Op. cit., 9II, p. 63.

to feminino vem lentamente sendo integrado dentro dessa quaternidade. Mas se impõe agora uma questão impossível de ser afastada: o problema do mal. Jung considera, à luz de sua experiência, que o homem ocidental não pode mais, conforme se esforçou em fazer durante dois mil anos, rejeitar o mal nas trevas exteriores, arriscando-se assim a ser submerso por ele. O mal está solto, autônomo. Basta abrir as páginas dos jornais contemporâneos.

Que fará o homem em busca da integração desse poderoso componente de seu próprio ser?

Enfrentar o mal face ao bem como um dualismo irreconciliável? Ou, valendo-se da experiência da presença do mal na história da humanidade, como parte integrante do quatérnio básico da psique humana, não defrontá-los como dualismo irreconciliável, mas como um par de opostos que terá de ser duramente vivenciado?[31]

Estamos ainda longe da aceitação consciente do princípio feminino e do mal. Eis aí uma tarefa atualíssima: cuidar dessa integração. Parece-nos que a psicologia junguiana é o instrumento adequado para realizá-la. A proposta de Jung é um modelo quaternário da existência, correspondente ao quarto estágio do processo coletivo de desenvolvimento da consciência humana, para o qual caminhamos, apesar de muitos tropeços.

"Jung estava consciente de que suas descobertas eram incompatíveis com os fundamentos filosóficos da ciência de sua época e exigiam paradigmas inteiramente novos"[32].

Ele está tão à frente de nosso tempo que apenas gradualmente vêm sendo apreendidas suas descobertas nas diferentes áreas do saber humano.

---

31. PERROT, E. *La Voie de la Transformation*. Paris: Librarie de Medicis, 1970, p. 31.
32. GROF, S. Op. cit., p. 16.

Sobre a autora

Nise da Silveira nasceu em Maceió, em 1905. Cursou a Faculdade de Medicina da Bahia, sendo a única mulher de sua turma. No Rio de Janeiro, passou a trabalhar como psiquiatra no Hospital da Praia Vermelha. Foi presa em 1936, na Ditadura Vargas, por pertencer à União Feminina Brasileira. Anistiada em 1944, retornou ao trabalho no Centro Psiquiátrico Nacional, no bairro do Engenho de Dentro. Opondo-se ao confinamento e às práticas psiquiátricas, como choques elétricos, propôs novas formas de tratamentos. Assim, fundou a Seção de Terapêutica Ocupacional cujas atividades expressivas deram origem ao Museu de Imagens do Inconsciente, hoje o maior acervo do mundo no gênero. Foi pioneira na utilização de animais em terapia. Seu contato com o psiquiatra suíço Carl G. Jung foi responsável pela introdução da psicologia junguiana na América Latina. Criou também a Casa das Palmeiras, uma clínica de reabilitação para egressos de instituições psiquiátricas em regime de externato, a primeira do Brasil.

Suas pesquisas e estudos deram origem a exposições, cursos, simpósios, publicações e outras produções intelectuais, recebendo inúmeros prêmios, homenagens e títulos em diferentes áreas do saber. Seu espírito profundamente humanista exerceu forte influência na cultura brasileira como um todo. Seu trabalho antecedeu os movimentos de renovação da psiquiatria, como na Inglaterra (década 1960), na Itália (década 1970) e no Brasil (década de 1980). Após sua morte em 1999, seu arquivo pessoal foi reconhecido como Patrimônio da Humanidade no Programa Memória do Mundo da Unesco.

Conecte-se conosco:

 facebook.com/editoravozes

 @editoravozes

 @editora_vozes

 youtube.com/editoravozes

 +55 24 2233-9033

www.vozes.com.br

Conheça nossas lojas:
www.livrariavozes.com.br

Belo Horizonte – Brasília – Campinas – Cuiabá – Curitiba
Fortaleza – Juiz de Fora – Petrópolis – Recife – São Paulo

EDITORA VOZES LTDA.
Rua Frei Luís, 100 – Centro – Cep 25689-900 – Petrópolis, RJ
Tel.: (24) 2233-9000 – E-mail: vendas@vozes.com.br